100 Rezepte

Die besten Pizza-Ideen

100 Rezepte

Die besten Pizza-Ideen

von

Norma MacMillan

Unipart-Verlag · Stuttgart

Inhalt

BITTE BEACHTEN SIE:
Alle EL- und TL-Angaben sind Durchschnittswerte.
1 EL entspricht etwa 15 ml
1 TL entspricht etwa 5 ml
Es sind stets ein gestrichener EL oder TL gemeint.

Halten Sie sich, wenn möglich, an die entsprechenden Maßangaben und die angegebenen Zubereitungszeiten. Wenn in den Rezepten nicht anders angegeben, werden frische Kräuter verwendet. Wenn Sie mit getrockneten Kräutern würzen (italienische oder provençalische Kräutermischung), zerreiben oder mahlen Sie die Kräuter. So entfalten sie ihr Aroma besser.

Backrohr oder Grill sollten stets vorgeheizt werden, bevor Sie die Speisen hineinschieben.

Aus dem Englischen von Luzia Czernich

Satz: LibroSatz, Kriftel bei Frankfurt
Printed in Germany

ISBN 3 8122 0155 0

Foto Innentitel: Nudelpizza (Seite 48)

Einführung

Für die Italiener ist eine Pizza ein Kuchen aus Weißbrotteig, deftig oder pikant, offen oder gedeckt, rund oder vom rechteckigen Blech. Eine Pizza ist – nicht nur in Italien – eine preiswerte und sättigende Mahlzeit, die in ihrer Zubereitung beliebig variiert werden kann. Ihren Ursprung hat die Pizza in Neapel, von dort stammt auch die bekannteste Variante, die „Pizza Napoletana“ mit einem Belag von Tomaten, Anchovis, schwarzen Oliven und Mozzarella-Käse. Jede Pizzeria führt sie auf der Speisekarte.

Wenn Sie sich zu Hause wenig Mühe machen wollen, dann greifen Sie zu frischen, vakuumverpackten oder tiefgefrorenen Pizzas verschiedener Geschmacksrichtungen. Auch Pizzateigmischungen sind mittlerweile erhältlich, was Ihnen die Arbeit noch mehr erleichtert. Den Spaß – nämlich das Belegen der Pizzas mit den vielfältigsten Zutaten – nimmt ihnen hierbei zum Glück niemand ab!

Die Rezepte in diesem Buch stellen traditionelle und ein wenig ausgefallenere Pizzabeläge vor: Fleisch und Geflügel, frisch oder als Reste, geräucherten und Dosenfisch, Schalentiere, alle Arten von Gemüsen und Obst, Eier, zahlreiche Käsesorten und verschiedene Kräuter und Gewürze. Außerdem werden eine Reihe „falsche“ Pizzas aufgeführt, die man meist auf der Basis von Toastbrot zubereitet, aber auch Reis und Kartoffeln finden Verwendung. Der Belag jedoch ist immer ein typischer Pizza-Belag.

Pizzaböden aus Hefeteig können – frisch oder gebacken – bis zu einem Monat problemlos eingefroren werden. Bis auf Anchovis, die einen zu strengen Geschmack bekommen, überstehen auch die Beläge das Tieffrosten. Frieren Sie Pizzas auf einer festen, flachen Unterlage vor und geben Sie sie erst später in Gefrierbeutel o. ä. Zum Aufbacken müssen sie nicht aufgetaut werden, schieben Sie sie in das vorgeheizte Rohr. Eine vorgebackene Pizza benötigt etwa 20 Minuten bei 200°, Gas Stufe 6, eine „rohe“ ungefähr 30 bis 35 Minuten.

Anmerkung: Die Mehrzahl von „Pizza“ lautet im Italienischen „Pizze“. In diesem Buch wurde jedoch die eingedeutschte Form „Pizzas“ verwendet.

Pizzaböden

Vollkorn-Biskuit-Pizzateig

200 g feines Vollkornmehl
25 g Sojamehl
1 Prise Meersalz
1 TL Backpulver
25 g Butter oder Margarine
25 g Zucker
175 ml Milch oder Buttermilch
1 geschlagenes Ei zum Glasieren (nach Wunsch)

Mehl, Salz und Backpulver in eine große Schüssel sieben. Mit Butter oder Margarine zu einer bröseligen Masse verrühren. Den Zucker einrühren und alles mit Milch zu einem weichen Teig verarbeiten. Verwenden, wie in den Rezepten angegeben.

Wenn man schnelle Pizzas zubereitet, für die gebackene Biskuitböden verwendet werden sollen, bestreicht man diese mit geschlagenem Ei und bäckt sie 10 bis 15 Minuten im vorgeheizten Rohr (230°, Gas Stufe 8).

Hefegrundteig

225 g weißes Mehl oder Vollkornmehl
1 TL Salz
15 g frische Hefe oder 1 TL Trockenhefe und 1/4 TL Zucker
150 ml lauwarmes Wasser
25 g Butter oder Schmalz oder 2 EL Olivenöl

Mehl und Salz in eine Schüssel sieben. Vollkornmehl nicht durchsieben. Frische Hefe mit Wasser verrühren und an einem warmen Ort stehen lassen, bis sie schaumig wird. Verwendet man Trockenhefe, den Zucker in Wasser auflösen, die Hefe darüberstreuen und umrühren. An einem warmen Ort 10 bis 15 Minuten stehen lassen, bis die Flüssigkeit schaumig wird.

Die Hefe mit dem Mehl verrühren und mit Butter, Schmalz oder Öl zu einem weichen Teig kneten. Die Schüssel zudecken und den Teig an einem warmen Platz etwa 45 Minuten gehen lassen.

Den Teig schlagen und wie im Rezept angegeben verwenden.

Pizza mit Mais und Saubohnen (Seite 50)
(Foto: Canned Food Advisory Service)

Biskuit-Grundteig

225 g Mehl
2 TL Backpulver
50 g Butter oder Margarine
150 ml Milch

Mehl, Backpulver und Salz in eine Schüssel sieben. Butter oder Margarine dazugeben und rühren, bis die Masse bröselig aussieht. Die Milch darübergießen und zu einem weichen, glatten Teig verkneten. Wie in den Rezepten angegeben verwenden.

Tomatensauce

2 EL Olivenöl
1 große Zwiebel, gehackt
1 Knoblauchzehe, zerdrückt (nach Geschmack)
400 g Tomaten aus der Dose
1 TL Zucker
1 EL Tomatenmark
etwas Oregano
Salz
gemahlener schwarzer Pfeffer

Das Öl in einem Topf erhitzen, Zwiebeln und Knoblauch hineingeben und weichdünsten. Die restlichen Zutaten hinzufügen, salzen und pfeffern und köcheln lassen, bis die Sauce dickflüssig ist. Gelegentlich umrühren und nach Geschmack nachwürzen.

Verfeinerter Hefeteig

225 g Mehl
1/2 TL Salz
15 g frische Hefe oder
1 TL Trockenhefe und 1/4 TL Zucker
etwa 5 EL lauwarme Milch
1 bis 2 geschlagene Eier
50 g Butter oder Margarine

Mehl und Salz in eine Schüssel sieben. Frische Hefe mit der Milch verrühren und an einem warmen Ort stehen lassen, bis die Milch schaumig wird. Wird Trockenhefe verwendet, dann löst man den Zucker in Milch auf, streut die Hefe darüber und läßt die Flüssigkeit an einem warmen Platz stehen, bis sie schaumig wird.

Über das Mehl gießen und mit dem geschlagenen Ei zu einem weichen Teig kneten. Butter oder Margarine unterrühren. Die Schüssel zudecken und den Teig an einem warmen Ort etwa 45 Minuten gehen lassen.

Den Teig wieder schlagen und wie im Rezept angegeben verwenden.

Gemüse-Pizzas

Pizza mit Pilzen und grünem Paprika

1 Portion Hefegrundteig
1 Portion Tomatensauce
25 g Butter oder Margarine
2 EL Öl
1 Knoblauchzehe, zerdrückt
225 g Champignons
2 grüne Paprikaschoten, in Ringe geschnitten
8 Anchovisfilets zum Garnieren

Den Teig etwa 1 cm dick ausrollen und auf ein eingefettetes rundes Backblech geben. Mit den Fingern einen Rand kneten. Die Tomatensauce auf dem Teig verteilen und alles 20 Minuten im vorgeheizten Rohr (200°, Gas Stufe 6) backen.

Butter oder Margarine mit dem Öl in einer Pfanne erhitzen. Knoblauch und Pilze hineinrühren und weichdünsten. Vom Feuer nehmen und warmhalten.

Die Paprikaringe um den Rand der Pizza legen, mit den Anchovisfilets garnieren, wieder in den Ofen schieben und weitere 10 bis 15 Minuten backen, bis der Teig durch ist. Die Pilze auf die Mitte der Pizza geben und servieren.
Für 2 bis 4 Personen

Pizza mit Pilzen

1 Portion Hefegrundteig
4 EL Olivenöl
2 große Zwiebeln, in Scheiben geschnitten
2 Knoblauchzehen, zerdrückt
350 g Pilze, in Scheiben geschnitten
Salz
gemahlener schwarzer Pfeffer
2 EL frische gemischte Kräuter

Den Teig zu einem großen oder 2 kleineren Pizzaböden ausrollen (etwa 1 cm dick) und auf ein eingefettetes Backblech geben. Mit den Fingern einen Rand kneten.

Das Öl in einer Pfanne erhitzen und Zwiebeln und Knoblauch darin weichdünsten. Die Pilze dazugeben und schmoren, bis sie gerade weich sind. Mit Salz und Pfeffer würzen und die Kräuter einrühren. Die Pilzmischung auf dem Teig verteilen. An einem warmen Ort 10 bis 15 Minuten gehen lassen.

Im vorgeheizten Rohr (200°, Gas Stufe 6) 30 bis 35 Minuten backen.
Für 2 bis 4 Personen

Pizza mit Auberginen

1 große Aubergine, in Scheiben geschnitten
Salz
4 bis 6 EL Öl
1 Portion Hefegrundteig
1 Portion Tomatensauce
gemahlener schwarzer Pfeffer
100 g Mozzarella-Käse, in Scheiben geschnitten
2 EL geriebener Parmesankäse

Die Auberginen mit Salz bestreuen und etwa 20 Minuten ziehen lassen. Abspülen und mit Küchenkrepp abtupfen. 4 EL Öl in einer Pfanne erhitzen und die Auberginenscheiben nach und nach von beiden Seiten anbräunen. Gegebenenfalls Öl nachgießen. Die Auberginen auf Küchenkrepp abtropfen lassen.

Den aufgegangenen Teig etwa 1 cm dick ausrollen und auf ein eingefettetes Backblech legen. Den Rand nach oben biegen.

Die Tomatensauce auf dem Teig verstreichen und die Auberginenscheiben darauf verteilen. Den Mozzarella darüber legen und alles mit Parmesan bestreuen. Die Pizza an einem warmen Ort 10 bis 15 Minuten gehen lassen.

Im vorgeheizten Rohr (200°, Gas Stufe 6) etwa 35 Minuten backen.
Für 2 bis 4 Personen

Pizza mit Tomaten und Artischocken

225 g tiefgekühlter Blätterteig, aufgetaut
225 g Artischockenherzen aus der Dose, abgetropft und halbiert
400 g Tomaten aus der Dose, abgetropft und gehackt
25 g Parmesankäse, gerieben
1 Knoblauchzehe, zerdrückt
2 EL gehackte Petersilie
1 EL Öl

Den Teig ausrollen und eine Springform oder flache Kuchenform (⌀ 20 cm) damit auslegen. Die Artischockenherzen auf dem Teig verteilen und die Tomaten darübergeben. Mit dem Käse bestreuen. Knoblauch und Petersilie vermengen und über die Pizza streuen. Mit Öl beträufeln.

Im vorgeheizten Rohr (220°, Gas Stufe 7) 20 bis 25 Minuten backen.
Für 2 bis 4 Personen

Pizza mit Pilzen und grünem Paprika (Foto: Mushroom Growers' Association)

Pizzaring mit Tomaten und Pilzen

Hefegrundteig aus 350 g Mehl und 200 ml Wasser
25 g Butter oder Margarine
225 g Champignons, in Scheiben geschnitten
4 Tomaten, in dünne Scheiben geschnitten
Salz
gemahlener schwarzer Pfeffer
100 g Hartkäse, gerieben
Milch zum Glasieren

Ein Drittel des Teigs abschneiden und zur Seite legen. Den restlichen Teig ausrollen (ca. 28 cm ⌀) und auf ein eingefettetes Backblech legen. Den anderen Teig in drei Portionen teilen und zu langen Strängen rollen. Einen Zopf daraus flechten. Den Rand des Pizzabodens anfeuchten, den Teigzopf darauf legen und andrücken. Den Teig an einem warmen Ort 10 bis 15 Minuten gehen lassen.

Inzwischen die Butter oder Margarine in einer Pfanne erhitzen. Pilze und Knoblauch hineingeben und fast weichdünsten. Gut abtropfen lassen.

Die Tomatenscheiben auf dem Pizzaboden auslegen, salzen und pfeffern. Die Pilze darüber verteilen und alles mit Käse bestreuen. Den Teigzopf mit Milch bestreichen. Die Pizza im vorgeheizten Rohr (200°, Gas Stufe 6) etwa 30 Minuten backen.
Für 4 bis 6 Personen

Pizzaring mit Tomaten und Pilzen
(Foto: The Home Baking Bureau)

Tomatenpizza aus der Pfanne

25 g Butter oder Margarine, weich
1 TL Hefeextrakt
ca. 180 g Biskuit-Backmischung
4 EL Wasser
2 EL Öl
1 Portion Tomatensauce
1 TL Hefeextrakt
50 g Käse, gerieben

Teig: Butter oder Margarine mit der Hefe vermischen und mit der Backmischung verrühren. Mit Wasser zu einem weichen Teig kneten und dann ausrollen (ca. 20 cm ⌀).

Das Öl in einer Pfanne erhitzen und den Teig backen, bis die Unterseite goldbraun ist, dann wenden und die andere Seite backen.

Die Tomatensauce mit der Hefe verrühren und auf dem Teig verteilen. Mit Käse bestreuen. Unter den Grill schieben, bis der Käse geschmolzen ist.
Für 2 bis 4 Personen

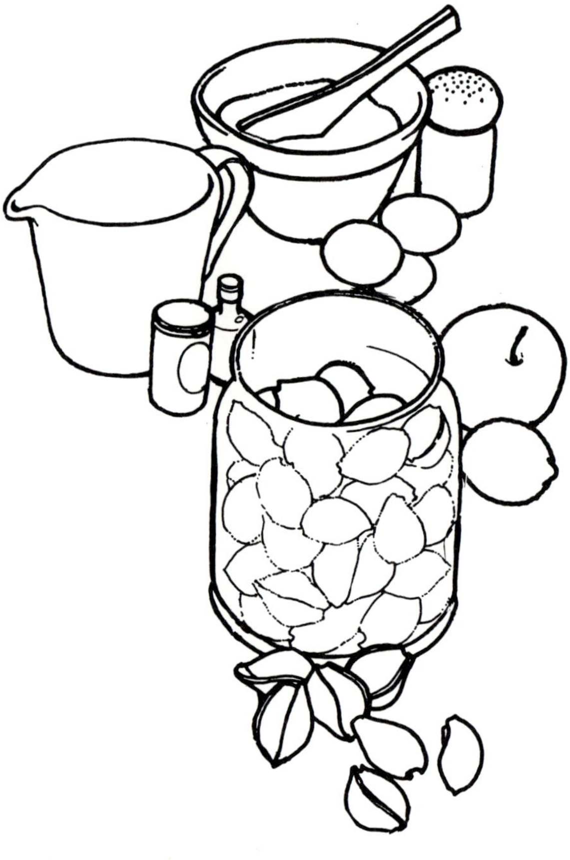

Pizza mit Oliven und Kräutern

Mürbteig aus 225 g Mehl, 100 g Fett und 2 Eiern
2 Portionen Tomatensauce
3 bis 4 EL gehackte frische Kräuter
etwa 25 grüne Oliven, ohne Stein
1 TL Öl

Den Teig ausrollen und in eine runde Backform (ca. 20 cm ∅) geben. Im vorgeheizten Rohr (190°, Gas Stufe 5) etwa 15 Minuten backen.

Die Tomatensauce in die Teigform füllen, Kräuter darüber streuen und die Oliven darauf legen. Mit Öl beträufeln. Bei mittlerer Hitze (180°, Gas Stufe 4) 10 bis 15 Minuten backen.
Für 2 bis 4 Personen

Spinatpizza

25 g Butter oder Margarine
2 EL Olivenöl
1 Knoblauchzehe, zerdrückt
1 Zwiebel, fein gehackt
750 g Spinat, zerpflückt
Salz
gemahlener schwarzer Pfeffer
1 Portion Hefegrundteig
100 g Fontina- oder Bel Paese-Käse, in Streifen geschnitten
3 EL geriebener Parmesankäse

Butter oder Margarine und Öl in einer Pfanne erhitzen. Knoblauch und Zwiebel darin weichdünsten. Den Spinat einrühren, Deckel auflegen und dünsten, bis der Spinat weich ist. Gelegentlich umrühren, damit sich der Spinat gut mit dem Fett vermischt. Mit Salz und Pfeffer würzen.

Den Teig etwa 1 cm dick ausrollen und auf ein eingefettetes Backblech geben. Den äußeren Teigrand nach oben biegen. Den Spinat über den Teig verteilen und dann den Käse gitterförmig darüber legen. Mit Parmesankäse bestreuen. 10 bis 15 Minuten an einem warmen Ort gehen lassen.

Im vorgeheizten Rohr (200°, Gas Stufe 6) 30 bis 35 Minuten backen.
Für 2 bis 4 Personen

Fleischpizza

Pizza mit Salami und Anchovis

1 Portion Hefegrundteig
1 Portion Tomatensauce
100 g Salami, in dünne Scheiben geschnitten
100 g Mozzarella-Käse, in dünne Scheiben geschnitten
50 g Anchovisfilets aus der Dose, abgetropft
10 schwarze Oliven zum Garnieren
1 EL Olivenöl

Den Teig etwa 1 cm dick ausrollen, auf ein eingefettetes Backblech geben und den Rand nach oben biegen.

Die Hälfte der Tomatensauce auf dem Teig verteilen, mit Salamischeiben belegen und die restliche Sauce darüber geben. Die Käsescheiben darauf legen. Die Anchovisfilets gitterförmig darauf anordnen und mit den Oliven garnieren. Öl darüber träufeln.

Im vorgeheizten Rohr (200°, Gas Stufe 6) 30 bis 35 Minuten backen.
Für 2 bis 4 Personen

Pizza mit Brät und Käse

225 g gewürztes Wurstbrät
400 g Tomaten aus der Dose
1 Portion Hefegrundteig
Salz
gemahlener schwarzer Pfeffer
100 g Mozzarella-Käse, in dünne Scheiben geschnitten
4 EL Tomatenmark
1 Knoblauchzehe, zerdrückt
1 1/2 TL italienische Gewürzmischung
25 g Parmesankäse, gerieben

Das Wurstbrät ohne Fett in eine Pfanne geben und braten, bis es bröselig und gebräunt ist. Auf Küchenkrepp abtropfen lassen.

Die Tomaten abtropfen lassen und hacken. 4 EL Tomatensaft aufbewahren.

Den Teig aufgehen lassen, dann 1 cm dick ausrollen und den Rand nach oben biegen. Die Tomaten auf dem Teig verteilen, mit Salz und Pfeffer bestreuen. Die Mozzarellascheiben darüber legen und diese mit dem Brät bestreuen.

Den aufbewahrten Tomatensaft, Tomatenmark, Knoblauch, Gewürzmischung, Salz und Pfeffer verrühren und auf das Brät streichen. Mit Parmesankäse bestreuen.

An einem warmen Ort 10 bis 15 Minuten gehen lassen. Im vorgeheizten Rohr (200°, Gas Stufe 6) 30 bis 35 Minuten backen.
Für 2 bis 4 Personen

Pizza mit Salami und Anchovis
(Foto: RHM Foods Ltd)

Pizza mit italienischer Wurst

300 g fertige dunkle Brot-Backmischung oder 1 Portion Hefegrundteig
1 Portion Tomatensauce
100 g italienische Wurst, gehackt
175 g Mozzarella-Käse, in Scheiben geschnitten
3 dünne Scheiben gekochter Schinken, in Streifen geschnitten
gehackte Petersilie zum Garnieren

Die Brotmischung nach der Anleitung auf der Packung zubereiten. 5 Minuten gut durchkneten und 1 cm dick ausrollen. Auf ein eingefettetes Backblech geben und den Rand nach oben biegen. An einem warmen Ort etwa 30 Minuten gehen lassen. Im vorgeheizten Rohr (200°, Gas Stufe 6) 10 Minuten backen.

Die Tomatensauce auf dem Teigboden verteilen und den Käse darüber geben. Weitere 20 bis 25 Minuten backen.

Die Schinkenstreifen gitterförmig auf der Pizza anordnen und die Petersilie darüber streuen.

Für 2 bis 4 Personen

Pizza mit Bohnen und Wurst

5 dünne Schweins- oder Rindsbratwürstchen
1 Portion Biskuit-Grundteig
1 Dose (425 g) gebackene Bohnen
100 g Pilze, in Scheiben geschnitten
1 Prise italienische Gewürzmischung
50 g Käse, gerieben
gehackte Petersilie zum Garnieren

Die Würste unter einem Grill von allen Seiten leicht anbräunen.

Den Teig 1 cm dick ausrollen und auf ein eingefettetes Blech geben. Den Teigrand nach oben biegen. Die Bohnen auf dem Teigboden verteilen, Pilze darüber geben und alles mit den Kräutern bestreuen.

Die Würste abtropfen lassen und auf die Pizza legen. Den Käse darüber streuen. Im vorgeheizten Rohr (200°, Gas Stufe 6) etwa 20 bis 25 Minuten backen. Vor dem Servieren mit Petersilie garnieren.

Für 2 bis 4 Personen

Pizza mit Käse und Schinken

1 Portion Hefe- Grundteig
225 g Ricotta oder Hüttenkäse
2 EL geriebener Parmesankäse
1 Ei, geschlagen
50 g gekochter Schinken, in Würfel geschnitten
Salz
gemahlener schwarzer Pfeffer

Den Teig aufgehen lassen und dann etwa 1 cm dick ausrollen. Auf ein eingefettetes Backblech geben und den Teigrand nach oben biegen.

Käse und Ei verrühren, mit Salz und Pfeffer würzen. Die Masse auf dem Teig verteilen und alles 10 bis 15 Minuten an einem warmen Ort gehen lassen.

Im vorgeheizten Rohr (200°, Gas Stufe 6) 30 bis 35 Minuten backen.

Für 2 bis 4 Personen

Pizza „Prosciutto“

1 Portion Hefeteig
4 EL Öl
2 große Zwiebeln, in Scheiben geschnitten
225 g Prosciutto, in dünne Streifen geschnitten
100 g Mortadella, in dünne Streifen geschnitten
1 bis 2 TL Dijonsenf
Salz
gemahlener schwarzer Pfeffer

Den Teig gehen lassen und dann 1 cm dick ausrollen. Auf ein eingefettetes Backblech geben und den Teigrand nach oben biegen.

Das Öl in einer Pfanne erhitzen und die Zwiebeln darin goldbraun anbraten. Vom Feuer nehmen und mit Prosciutto, Mortadella, Senf, Salz und Pfeffer vermischen. Die Masse über den Teig verteilen. An einem warmen Ort 10 bis 15 Minuten gehen lassen.

Im vorgeheizten Rohr (200°, Gas Stufe 6) etwa 30 bis 35 Minuten backen.

Für 2 bis 4 Personen

Pfannenpizza mit Leberpastete und Wurst

100 g Mehl
1 Prise Salz
1 TL Backpulver
3 EL Öl
Belag:
100 g Leberpastete
225 g Tomaten aus der Dose, abgetropft und gehackt
100 g Bierwurst, in Streifen geschnitten
50 g Hartkäse, gerieben
25 g Parmesankäse, gerieben
gehackte Petersilie zum Garnieren

Mehl, Salz und Backpulver in eine Schüssel sieben und mit Wasser zu einem festen Teig verkneten. Den Teig zu einem Durchmesser von etwa 18 cm dünn ausrollen.

Das Öl in einer großen Pfanne erhitzen, den Teig hineingeben und etwa 5 Minuten backen, bis die Unterseite goldbraun ist. Den Pizzaboden wenden und die Pastete darauf streichen. Mit den Tomaten bedecken und die Wurststreifen darauf legen. Mit dem Käse bestreuen.

Die Pfanne zudecken und die Pizza weitere 10 Minuten backen, bis der Käse geschmolzen ist. Unter einen vorgeheizten Grill stellen, um den Käse etwas zu bräunen. Mit Petersilie bestreuen.
Für 1 bis 2 Personen

Peperoni-Pizza

1 Portion Hefe-Grundteig
1 Portion Tomatensauce
100 g Pilze, in Scheiben geschnitten
geschmolzene Butter oder Margarine
225 g Peperoniwurst, in Scheiben geschnitten
1 EL Anissamen (nach Geschmack)

Den Teig gehen lassen und dann 1 cm dick ausrollen. Auf ein eingefettetes Backblech geben und den Rand nach oben biegen.

Die Tomatensauce auf dem Teig verteilen und die Pilze darüber streuen. Mit etwas geschmolzener Butter oder Margarine bestreichen und die Wurstscheiben darüber decken. Mit Anissamen bestreuen, falls man sie verwenden will. Die Pizza an einem warmen Ort 10 bis 15 Minuten gehen lassen.

Im vorgeheizten Rohr (200°, Gas Stufe 6) 30 bis 35 Minuten backen.
Für 2 bis 4 Personen

Von oben links im Uhrzeigersinn: Pizza mit Leberwurst und Bratwurst (Seite 20), Mini-Salami-Pizzas (Seite 41) und Pfannenpizza mit Leberpastete und Wurst (Seite 18) (Foto: Mattesons)

Pizza mit Hackfleischbällchen

2 Scheiben Weißbrot, ohne Rinde
Milch
225 g Kalbfleisch
1 Knoblauchzehe
1 kleiner Bund Petersilie
1 Streifen Zitronenschale
1 Ei, geschlagen
25 g Parmesankäse, gerieben
1 Prise Muskatpulver
Salz
gemahlener schwarzer Pfeffer
Mehl zum Panieren
Bratöl
1 Portion Tomatensauce
1 Portion Hefegrundteig

Das Brot in Milch einweichen, dann die überschüssige Milch auspressen. Kalbfleisch, Brot, Knoblauch, Petersilie und Zitronenschale zweimal durch den Fleischwolf drehen. Dann mit dem Ei, 2 EL Käse, Muskat, Salz und Pfeffer vermengen. Aus der Masse kleine Kugeln formen und in Mehl wälzen.

Öl in einer Pfanne erhitzen und die Fleischbällchen nach und nach von allen Seiten anbraten. Herausnehmen und auf Küchenkrepp abtropfen lassen. Die Fleischbällchen mit der Tomatensauce mischen.

Den Teig aufgehen lassen und etwa 1 cm dick rund ausrollen. Auf ein eingefettetes Backblech legen und den Teigrand nach oben biegen.

Die Fleischklößchen in Tomatensauce über den Teig verteilen. Mit dem restlichen Käse bestreuen. An einem warmen Ort 10 bis 15 Minuten gehen lassen. Dann im vorgeheizten Rohr (200°, Gas Stufe 6) 30 bis 35 Minuten backen.

Für 2 bis 4 Personen

Pizza mit Leberwurst und Bratwurst

100 g Bratwurst
Biskuitteig aus 175 g Mehl, 75 g Fett und einem Ei
1 EL Öl
1 Zwiebel, in Scheiben geschnitten
100 g Leberwurst
50 g Hartkäse, gerieben
2 Tomaten, in Scheiben geschnitten
1 TL getrockneter Thymian

Die Bratwurst unter einem Grill von allen Seiten anbräunen. Herausnehmen und der Länge nach durchschneiden.

Den Teig zu einem Durchmesser von ca. 23 cm ausrollen und auf ein eingefettetes Backblech legen. Den Teigrand nach oben biegen.

Das Öl in einer Pfanne erhitzen und die Zwiebel darin weichdünsten. Auf dem Teig verteilen, erst Leberwurst und dann Käse darüber geben. Die Bratwurststreifen und die Tomatenscheiben darauf legen. Mit Thymian bestreuen.

Im vorgeheizten Rohr (220°, Gas Stufe 7) etwa 30 bis 35 Minuten backen.

Für 3 bis 4 Personen

Pfannenpizza mit Schinken

1 Portion Biskuitteig
3 EL Öl
8 Streifen Schinkenspeck, ohne Schwarte
1 Portion Tomatensauce, heiß
100 g Mozzarella-Käse, in Scheiben geschnitten
Petersilienzweige zum Garnieren

Den Teig etwa 1 cm dick rund ausrollen. Das Öl in einer großen Pfanne erhitzen und den Pizzaboden darin backen, bis die Unterseite goldbraun ist.

Inzwischen den Schinkenspeck grillen und auf Küchenkrepp abtropfen lassen.

Den Pizzaboden wenden und die heiße Tomatensauce darauf verteilen. Mit Speck belegen und die Käsescheiben darüber decken.

Die Pfanne zudecken und die Pizza etwa 10 Minuten weiterbacken, bis der Käse geschmolzen ist. Mit Petersilienzweigen garnieren und heiß servieren.

Für 2 bis 4 Personen

Salamipizza

100 g Biskuit-Backmischung
100 g Mehl und 1 TL Backpulver
1 Prise Salz
½ TL italienische Gewürzmischung
etwa 150 ml Milch

Belag:

1 Portion Tomatensauce
2 Tomaten, enthäutet und in Scheiben geschnitten
100 g Salami, in dünne Scheiben geschnitten
100 g Hartkäse, gerieben
Petersilienzweige zum Garnieren

Backmischung, Mehl, Backpulver, Salz, Kräuter und Milch in eine Schüssel geben und zu einem weichen Teig verrühren. Leicht durchkneten und zu einem Durchmesser von 25 cm ausrollen. Auf ein eingefettetes Backblech geben und den Teigrand nach oben drücken.

Die Tomatensauce auf dem Teig verteilen. Tomatenscheiben und Salamischeiben darauf legen und mit Käse bestreuen. Im vorgeheizten Rohr (200°, Gas Stufe 6) 25 bis 30 Minuten backen. Mit Petersilienzweigen garnieren.

Für 3 bis 4 Personen

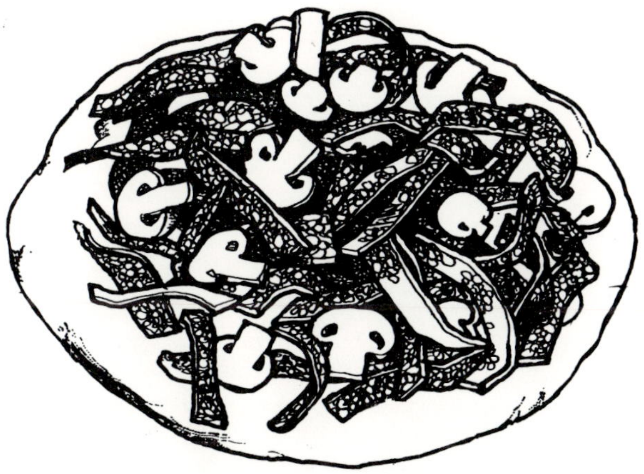

Pizza mit Hühnchen und Mais

300 g fertige Brotbackmischung, dunkel, oder
1 Portion Biskuit-Grundteig
25 g Butter oder Margarine
25 g Mehl
300 ml Milch
Salz
gemahlener schwarzer Pfeffer
175 g gekochtes Hühnerfleisch, in Würfel geschnitten
75 g Maiskörner aus der Dose, abgetropft
75 g Hartkäse, gerieben

Falls eine fertige Brotmischung verwendet wird, nach der Anleitung auf der Packung zubereiten. Gut durchkneten und etwa 1 cm dick zu einer Scheibe ausrollen. Auf ein eingefettetes Backblech geben und den Teigrand etwas nach oben drücken. Falls Brotteig verwendet wird, diesen an einem warmen Ort etwa 30 Minuten gehen lassen.

Butter oder Margarine in einem Topf erhitzen und das Mehl unter Rühren 1 Minute anschwitzen. Langsam die Milch dazugeben und unter Rühren zum Kochen bringen. Mit Salz und Pfeffer würzen und dann Maiskörner und Hühnerfleisch hineingeben.

Die Füllung über den Teig verteilen und im vorgeheizten Rohr backen (Brotteig 15 Minuten bei 230°, bzw. Gas Stufe 8, Biskuitteig 20 Minuten bei 200° bzw. Gas Stufe 6). Den Käse darüber streuen und die Pizza weitere 5 Minuten backen, bis der Käse geschmolzen und goldbraun ist.

Für 2 bis 4 Personen

Pizza mit Hühnchen

1 Portion Biskuit-Grundteig
25 g Butter oder Margarine
1 kleine Zwiebel, fein gehackt
100 g kleine Champignons
25 g Mehl
300 ml Milch
175 g gekochtes Hühnerfleisch, in Würfel geschnitten
1 EL gehackte Peperoni
Salz
gemahlener schwarzer Pfeffer
1 EL Sherry, medium dry
50 g Semmelbrösel

Den Teig rund ausrollen, etwa 1 cm dick. Auf ein eingefettetes Backblech geben und den Teigrand leicht nach oben drücken.

Butter oder Margarine in einem Topf erhitzen und die Zwiebel darin weichdünsten. Die Pilze dazugeben und dünsten, bis sie gerade weich sind. Wieder aus dem Topf nehmen und das Mehl im Fett eine Minute anschwitzen. Langsam die Milch einrühren und zum Kochen bringen. Das Hühnerfleisch und die Peperoni hinzufügen, mit Salz und Pfeffer würzen und die Pilze wieder in den Topf füllen. Den Sherry einrühren.

Die Hühnermischung auf den Teig geben und mit Semmelbröseln bestreuen. Im vorgeheizten Rohr (200°, Gas Stufe 6) 20 bis 25 Minuten backen, bis die Oberfläche der Pizza goldbraun ist.

Für 2 bis 4 Personen

Schnelle Variante:
Man kann auch Hühnchen aus der Dose (ca. 420 g) und Pilze aus der Dose (ca. 200 g) verwenden.

Pizza mit Schinkenspeck und Oliven (Foto: Flour Advisory Bureau)

Pizza „Bolognese“

4 EL Olivenöl
100 g magerer Hinterschinken, ohne Schwarte, in Würfel geschnitten
1 Zwiebel, fein gehackt
1 Knoblauchzehe, zerdrückt
1 Karotte, in Würfel geschnitten
1 Stange Sellerie, in Würfel geschnitten
225 g Rinderhackfleisch
150 ml trockener Weißwein
150 ml Rinderbrühe
4 EL Tomatenmark
Salz
gemahlener schwarzer Pfeffer
1 Portion Hefe-Grundteig
75 g Fontina-Käse, in Streifen geschnitten

Das Öl in einem Topf erhitzen. Schinken, Zwiebel, Knoblauch, Karotte und Sellerie hineingeben und schmoren, bis das Gemüse beginnt weich zu werden. Dann das Fleisch einrühren und gut anbräunen. Wein, Brühe, Tomatenmark, etwas Salz und Pfeffer hinzufügen und alles zum Kochen bringen. Etwa 25 Minuten köcheln lassen, bis die Sauce dick wird.

Den Teig etwa 1 cm dick kreisrund ausrollen und auf ein eingefettetes Backblech geben. Den Teigrand etwas nach oben drücken. An einen warmen Ort stellen und 10 bis 15 Minuten aufgehen lassen. Im vorgeheizten Rohr (200°, Gas Stufe 6) 15 Minuten backen.

Die Sauce auf dem gebackenen Pizzaboden verteilen und die Käsestreifen darüber legen. Wieder in den Ofen stellen und weitere 15 bis 20 Minuten backen.

Für 2 bis 4 Personen

Pikante Lamm-Pizza

25 g Butter oder Margarine
1 EL Öl
1 Zwiebel, gehackt
1 Knoblauchzehe, zerdrückt
225 g gekochtes Lammfleisch, durchgedreht
1 TL gemahlener Zimt oder Allgewürz (Piment)
1/2 TL gemahlener Kreuzkümmel
gemahlener schwarzer Pfeffer
3 EL Tomatenmark
1 Portion Hefe-Grundteig

Die Butter oder Margarine mit dem Öl in einer Pfanne erhitzen und Knoblauch und Zwiebel darin weichdünsten. Das Lammfleisch hineingeben und gut anbraten. Die Gewürze, Salz, Pfeffer und Tomatenmark einrühren. Mit etwas Wasser verdünnen und gut vermischen. Köcheln lassen, bis die Mischung dickflüssig ist.

Inzwischen den Teig etwa 1 cm dick ausrollen und auf ein eingefettetes Backblech legen. Den Teigrand etwas nach oben drücken.

Die Lammischung auf dem Teig verteilen und an einem warmen Ort 10 bis 15 Minuten gehen lassen. Dann im vorgeheizten Rohr (200°, Gas Stufe 6) 30 bis 35 Minuten backen.

Für 2 bis 4 Personen

Pizza mit Schinken und Mais

1 Portion Biskuit-Grundteig
1 EL Öl
100 g Hinterschinken, ohne Schwarte, gehackt
ca. 340 g Maiskörner aus der Dose, abgetropft
Salz
gemahlener schwarzer Pfeffer
100 g englischer Gloucester-Käse, gerieben

Den Teig etwa 1 cm dick ausrollen und auf ein eingefettetes Backblech geben. Den Teigrand etwas nach oben drücken.

Das Öl in einer Pfanne erhitzen und den Schinken darin knusprig braun braten. Gut abtropfen lassen, mit den Maiskörnern vermischen und mit Salz und Pfeffer würzen. Die Mischung auf dem Teig verteilen und mit Käse bestreuen. Im vorgeheizten Rohr (200°, Gas Stufe 6) 20 bis 25 Minuten backen.
Für 2 bis 4 Personen

Vollkornpizza

15 g frische Hefe oder
1/2 TL Trockenhefe und 1/2 TL Zucker
6–7 EL warme Milch
225 g Vollkornmehl
Salz und Pfeffer, 25 g Butter
Belag:
1 Zwiebel, gehackt
50 g durchwachsener Bauchspeck, kleingehackt
1 EL Olivenöl
75 g gekochter Schinken, kleingehackt
450 g Spinat, 1 Prise Muskat
1/2 TL Zitronensaft, 225 g Tomaten
100 g Mozzarellakäse, in Scheiben
1/4 TL Oregano

Die frische Hefe in Milch auflösen oder Zucker in der warmen Milch verrühren und die Trokkenhefe darüberstreuen. An einem warmen Ort 10 Minuten stehenlassen.

Mehl und etwas Salz und Pfeffer mischen, mit der Butter verrühren. In die Mitte eine Vertiefung drücken und die Hefeflüssigkeit hineingießen. Gut vermischen, bis eine Teigkugel entsteht. Auf einer bemehlten Fläche etwa 5 Minuten durchkneten. In ein eingeöltes Gefäß geben und an einem warmen Ort gehen lassen, bis der Teig sein Volumen verdoppelt hat.

Inzwischen die Zwiebel und den Speck in Öl anbraten, bis alles weich ist, dann den gekochten Schinken dazugeben. Auskühlen lassen. Den Spinat waschen und putzen und 2 Minuten in sprudelndem Wasser kochen. Dem Wasser Muskat, Knoblauch und Zitronensaft hinzufügen. Den Spinat gut abtropfen lassen und kühlstellen.

Den Teig auf einer bemehlten Fläche noch einmal durchkneten, auf einen Durchmesser von ca. 30 cm ausrollen und auf ein geöltes Backblech legen. Den Spinat auf dem Teig ausbreiten, Speck, Zwiebel und Schinken darauflegen. Die Tomatenscheiben und den Käse darüberdecken und mit den Kräutern bestreuen. Im vorgeheizten Rohr bei 200°, Gas Stufe 6, etwa 25 Minuten backen.
Für 6 Personen

Familien-Pizza

2 Portionen Hefegrundteig
2 Portionen Tomatensauce
300 g Mozzarella, in Scheiben geschnitten
1–2 Knoblauchzehen, in sehr dünne Scheiben geschnitten
Anchovisfilets
Zwiebelringe
schwarze Oliven
blättrig geschnittene Pilze
eingelegte Peperonischoten
eingelegte Tomatenpaprika, in Streifen geschnitten
Salamischeiben

Den Teig gehen lassen und dünn ausrollen. Auf ein eingefettetes, rechteckiges Backblech geben und mit den Fingern einen Rand drücken.

Gleichmäßig mit der Tomatensauce bedecken. Nach einem Muster nach Wunsch Anchovisfilets, Knoblauchscheiben, Zwiebelringe, Pilze, Oliven, Peperonischoten, Tomatenpaprika und Salamischeiben auf der Sauce anordnen. Nach Wunsch würzen.

Mit den Mozzarellascheiben bedecken und im vorgeheizten Rohr (200°, Gas Stufe 6) 35 Minuten backen.

Für 6 bis 8 Personen

Pizza mit Schinkenspeck und Oliven

1 Portion Biskuit-Grundteig
1 Portion Tomatensauce
6 Streifen durchwachsener Schinkenspeck, ohne Schwarte
50 g Hartkäse, gerieben
3 gefüllte, grüne Oliven, halbiert
1 Petersilienzweig zum Garnieren

Den Teig etwa 1 cm dick ausrollen. Auf ein eingefettetes Backblech legen und den Teigrand etwas nach oben drücken.

Die Tomatensauce auf dem Teig verteilen. Den Speck in der Form der Speichen eines Rades darauf legen. Den Käse darüber streuen und die Oliven darauf verteilen. Die Pizza im vorgeheizten Rohr (200°, Gas Stufe 6) 20 bis 25 Minuten backen. Mit dem Petersilienzweig garnieren.

Für 2 bis 4 Personen

Pfannenpizza mit Käse und Sardinen (Seite 29)
(Foto: John West Foods)

Edamer- und Salami-Pizza

Boden:
50 g leicht gesalzene Butter
225 g Hefeteig-Backmischung
1 Prise Salz
50 g Edamerkäse, gerieben
150 ml Milch
Belag:
1 Zwiebel, gerieben
1 Dose Tomaten ca. 400 g, abgetropft
Salz und gemahlener Pfeffer
1/2 TL gemischte Trockenkräuter
50 g Champignons, in Scheiben geschnitten
100 g Salami, gehackt
100 g Edamerkäse, in Streifen geschnitten
14 schwarze Oliven

Butter, Mehl und Salz verrühren, bis eine bröselige Masse entsteht. Den geriebenen Käse und die Milch dazugeben und alles zu einem weichen Teig rühren. Den Teig teilen und jede Hälfte auf ca. 20 cm Durchmesser ausrollen. Auf ein eingefettetes Backblech legen.

Die Tomaten mit einer Gabel auseinanderreißen, mit den Zwiebeln und Kräutern mischen. Jeweils die Hälfte der Mischung auf den Teigböden verteilen. Pilze und Salami darauflegen und im vorgeheizten Rohr bei 220°, Gas Stufe 7, etwa 15 Minuten backen.

Die Pizzas herausnehmen und die Käsestreifen gitterförmig darauflegen. Wieder ins Rohr schieben und erneut ca. 10 Minuten backen, bis der Käse geschmolzen ist. Die Pizza kann heiß oder kalt gegessen werden. Mit schwarzen Oliven garnieren und grünen Salat dazu reichen.

Für 2 Personen

Pizza „Vier Jahreszeiten“

1 Portion Hefegrundteig
2 EL Öl
4–6 Sardellenfilets
1–2 Tomaten, in Scheiben geschnitten
6 Scheiben Mozzarella
einige Scheiben Salami
200 g Champignons, in Scheiben geschnitten
1 große Zwiebel, in dünne Scheiben geschnitten
Salz und Pfeffer

Den Teig dünn ausrollen und damit ein großes, rundes Blech auskleiden. Mit den Fingern einen Rand kneten. Im heißen Rohr etwa 5 Minuten vorbacken.

Herausnehmen und leicht einölen. Alle Zutaten für den Belag in einem hübschen Muster auf dem Teig anordnen, zuletzt mit den Käsescheiben belegen.

Im vorgeheizten Rohr (200°, Gas Stufe 6) etwa 35 Minuten backen.

Für 2 bis 4 Personen

Pizzas mit Fisch und Meeresfrüchten

Pfannenpizza mit Käse und Sardinen

225 g Mehl
2 TL Backpulver
1 TL Senfpulver
1/4 TL Salz
1 Prise Cayennepfeffer
50 g Butter oder Margarine
100 g Käse, gerieben
etwa 7 EL Milch
Belag:
2 EL Öl
1 Portion Tomatensauce
100 g Ölsardinen, abgetropft
50 g Käse, gerieben
1/2 TL getrockneter Thymian
2 Frühlingszwiebeln, gehackt (nach Geschmack)

Mehl, Backpulver, Senfpulver, Salz und Cayennepfeffer in eine Schüssel sieben. Zuerst Butter oder Margarine, dann den Käse einrühren und alles mit Milch zu einem weichen Teig kneten. Den Teig etwa 1 cm dick ausrollen.

Das Öl in einer Pfanne erhitzen und den Teig darin backen, bis die Unterseite goldbraun ist. Wenden und die andere Seite ebenfalls goldbraun backen.

Die Tomatensauce über den Pizzaboden verteilen. Die Sardinen darauf legen und Käse, Thymian und Frühlingszwiebeln darüber streuen. Unter einen vorgeheizten Grill stellen und backen, bis der Käse geschmolzen ist und Blasen wirft.
Für 2 bis 4 Personen

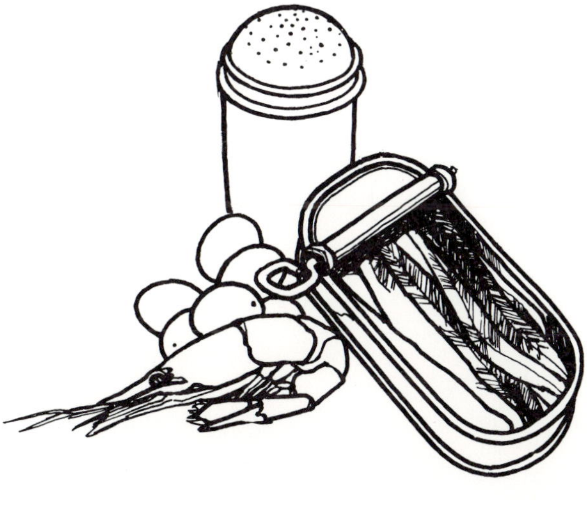

Gemischte Käse-Pizza

1 Portion Hefe-Grundteig
4 EL Olivenöl
350 g Tomaten, enthäutet und in Scheiben geschnitten
gemahlener schwarzer Pfeffer
1 TL italienische Gewürzmischung
je 50 g Mozzarella, Gruyère, Blauschimmelkäse und Cheddar, gerieben
Anchovisfilets und schwarze Oliven nach Wunsch

Den Teig gehen lassen und damit eine Form auskleiden. Den Teigrand leicht nach oben biegen.

2 EL Öl über den Teig träufeln und dann mit den Tomatenscheiben belegen. Salzen und pfeffern und mit den Kräutern bestreuen. Mit Anchovisfilets und Oliven (nach Wunsch) belegen und dann segmentweise den Käse darübergeben.

Das restliche Öl darüberträufeln und die Pizza 10 bis 15 Minuten an einem warmen Ort stehen lassen.

Im vorgeheizten Rohr (200°, Gas Stufe 6) 30 bis 35 Minuten backen.
Für 2 bis 4 Personen

Pizza „Calzone“

1½ Portionen Hefegrundteig
2 EL Olivenöl
150 g Thunfisch aus der Dose, abgetropft
3 Anchovisfilets, zerpflückt
2 Tomaten, enthäutet und gehackt
1 Zwiebel, gehackt
1 TL fein gehackte Petersilie
2 EL schwarze Oliven, in Scheiben geschnitten
4 EL geriebener Parmesan

1 Portion Teig ausrollen und damit eine Springform auskleiden. An den Rändern 1 cm hochdrücken.

In dem Öl die Zwiebel andünsten und alle anderen Zutaten hinzugeben. Unter Rühren köcheln lassen, bis die Mischung eingedickt ist. Alles über den Teig geben. Den restlichen Teig ausrollen und darauf legen. An den Rändern gut festdrücken und die Oberfläche dünn mit Öl einpinseln. Mehrmals mit einer Gabel einstechen und im vorgeheizten Rohr (200°, Gas Stufe 6) etwa 35 Minuten backen.
Für 4 Personen

Pfannenpizza mit Makrele und Tomate (Seite 32)
(Foto: Canned Food Avisory Service)

Pfannenpizza mit Makrele und Tomate

225 g Mehl
2 TL Backpulver
Salz
gemahlener schwarzer Pfeffer
100 g Talg, klein geschnitten
1 TL gemischte Trockenkräuter
150 ml Wasser
Bratfett
Belag:
25 g Butter oder Margarine
1 Zwiebel, gehackt
225 g Tomaten aus der Dose, abgetropft
340 g Tomatensuppe aus der Dose
1 Knoblauchzehe, zerdrückt (nach Geschmack)
200 g Makrele aus der Dose, im eigenen Saft, ohne Gräten, in kleine Stücke zerteilt
Garnierung:
Brunnenkresse
Zitronenscheiben

Mehl, Backpulver, Pfeffer und Salz in eine Schüssel sieben. Talg und Kräuter einrühren und mit Wasser zu einem weichen Teig verarbeiten. Zu einem Durchmesser von etwa 25 cm ausrollen. Das Fett in einer großen Pfanne erhitzen und den Teig langsam backen, bis die Unterseite leicht gebräunt ist. Wenden und von der anderen Seite backen.

Belag: Die Butter oder Margarine in einem Topf erhitzen und die Zwiebel darin weichdünsten. Tomaten, Tomatensuppe, Knoblauch, Salz und Pfeffer einrühren und alles 5 Minuten kochen lassen.

Den Pizzaboden auf eine vorgewärmte Servierplatte geben und den Belag darauf verteilen. Die Makrelenstücke darauf legen und alles mit Brunnenkresse und Zitronenscheibchen garnieren.
Für 4 bis 6 Personen

Pizza mit Anchovis und Curryei

1 Portion Biskuitteig
75 g Käse, gerieben
50 g Anchovisfilets aus der Dose, abgetropft
4 hartgekochte Eier, in Scheiben geschnitten
1/2 bis 1 TL mildes Currypulver
Salz
gemahlener schwarzer Pfeffer
4 Tomaten, in Scheiben geschnitten

Den Teig etwa 1 cm dick ausrollen und auf ein eingefettetes Backblech geben. Den Teigrand etwas nach oben drücken. Den Teig mit 25 g Käse bestreuen und im vorgeheizten Rohr (200°, Gas Stufe 6) 15 Minuten backen.

Die Anchovisfilets auf den Pizzaboden legen und mit den Eierscheiben bedecken. Mit Currypulver, Salz und Pfeffer würzen. Die Tomatenscheiben darüber decken und die Pizza mit dem restlichen Käse bestreuen. Weitere 5 bis 10 Minuten backen.
Für 2 bis 4 Personen

Pizza mit Thunfisch und Birnen

200 g Thunfisch aus der Dose
1 Gemüsezwiebel, gehackt
2 reife Dessertbirnen, geschält, entkernt und gehackt
225 g Tomaten aus der Dose
½ TL getrockneter Oregano
Salz
gemahlener schwarzer Pfeffer
1 Portion Hefe-Grundteig
8 Anchovisfilets
9 schwarze Oliven

Das Öl aus der Thunfischdose in einen Topf abgießen, Zwiebel und Birnen hinein geben und dünsten, bis die Zwiebel beginnt weich zu werden. Das Thunfischfleisch zerpflücken und zusammen mit den Tomaten in den Topf geben. Alles etwa 25 Minuten köcheln lassen, bis die meiste Flüssigkeit verdampft ist. Mit Oregano, Salz und Pfeffer würzen und etwas abkühlen lassen.

Den Teig gehen lassen und dann etwa 1 cm dick ausrollen. Auf ein eingefettetes Backblech geben und den Teigrand etwas nach oben drücken. Die Thunfischmischung auf dem Teig verteilen, mit Anchovisfilets und Oliven garnieren. An einem warmen Ort 10 bis 15 Minuten gehen lassen.

Im vorgeheizten Rohr (200°, Gas Stufe 6) 30 bis 35 Minuten backen.
Für 2 bis 4 Personen

Pizza mit Tomaten und Thunfisch

300 g Weißbrot-Backmischung oder 1 Portion Hefeteig
1 TL Paprikapulver
2 EL Tomatenmark
25 g Butter oder Margarine
1 große Zwiebel, in Scheiben geschnitten
200 g Thunfisch aus der Dose, abgetropft und zerpflückt
175 g Hartkäse, gerieben
Salz
gemahlener schwarzer Pfeffer

Verwendet man eine fertige Brotmischung, dann rührt man das Paprikapulver ein und bereitet den Teig nach Vorschrift zu. Das Tomatenmark löst man in dem heißen Wasser auf, das für die Zubereitung des Teigs gebraucht wird. Verwendet man Hefeteig, dann knetet man das Paprikapulver zusammen mit dem Salz, und das Tomatenmark mit der Hefeflüssigkeit in den Teig ein. Den Teig etwa 1 cm dick ausrollen und auf ein eingefettetes Backblech legen. Den Teigrand etwas nach oben biegen und den Teig an einem warmen Ort etwa 30 Minuten gehen lassen.

Inzwischen Butter oder Margarine in einer Pfanne erhitzen und die Zwiebel darin weichdünsten. Gut abtropfen lassen.

Die Zwiebel über dem Teig verteilen, den Thunfisch darauf geben und alles mit Käse bestreuen. Salzen und pfeffern und im vorgeheizten Rohr backen (Brotteig 20 Minuten bei 220°, Gas Stufe 7; Hefeteig 30 bis 35 Minuten bei 200°, Gas Stufe 6).
Für 2 bis 4 Personen

Pizza mit Sellerie, Sprotten und Tomate

1 Portion Hefeteig
1 EL Öl
50 g Mozzarella-Käse, in dünne Scheiben geschnitten
2 TL Tomatenmark
2 Tomaten, in Scheiben geschnitten
2 Stangen Sellerie, in Scheiben geschnitten
65 g Sprotten aus der Dose, abgetropft
ein paar schwarze Oliven, ohne Stein, halbiert

Den Teig gehen lassen und dann etwa 1 cm dick ausrollen. Auf ein eingefettetes Backblech geben und den Teigrand etwas nach oben drücken.

Den Teig mit ein wenig Öl bestreichen und mit der Hälfte der Käsescheiben belegen. Das Tomatenmark darüberstreichen und die Tomatenscheiben ringförmig um den äußeren Pizzarand legen. Die Selleriescheiben in die Mitte geben. Die Sprotten auf die Tomatenscheiben verteilen. Die Pizza mit dem restlichen Käse belegen und mit Öl beträufeln. An einem warmen Ort 10 bis 15 Minuten gehen lassen.

Im vorgeheizten Rohr (200°, Gas Stufe 6) 30 bis 35 Minuten backen. Mit ein paar Oliven garnieren.

Für 2 Personen

Pizzatorte mit Sprotten und Tomate
(Foto: John West Foods)

Pizza mit Sardinen und Kapern

1 Portion Biskuitteig
1 Portion Tomatensauce
100 g Ölsardinen aus der Dose, abgetropft
2 EL Kapern
8 schwarze Oliven, ohne Stein, halbiert
gemahlener schwarzer Pfeffer

Den Teig etwa 1 cm dick ausrollen und auf ein eingefettetes Backblech geben. Den Teigrand etwas nach oben drücken.

Die Tomatensauce auf dem Teig verstreichen und die Sardinen darauf legen. Kapern und Oliven darüber streuen und pfeffern.

Im vorgeheizten Rohr (200°, Gas Stufe 6) 20 bis 25 Minuten backen.

Für 2 bis 4 Personen

Pizzatorte mit Sprotten und Tomate

Mürbteig aus 175 g Mehl
100 g Sprotten aus der Dose, abgetropft
Salz
gemahlener schwarzer Pfeffer
Saft einer halben Zitrone
1 Portion Tomatensauce
Garnierung:
16 gefüllte Oliven
Petersilie

Den Teig ausrollen und eine Springform oder Kuchenform (⌀ 20 cm) damit auslegen. Im vorgeheizten Rohr (200°, Gas Stufe 6) 25 bis 30 Minuten backen. Auskühlen lassen.

Die Hälfte der Sprotten mit Salz, Pfeffer und Zitronensaft zerdrücken und in die Teigform streichen. Mit der Tomatensauce bedecken. Die restlichen Sprotten wie die Speichen eines Rades auf die Pizza verteilen, mit Oliven und Petersilie garnieren. Die Pizza kann man warm oder kalt servieren.

Für 4 bis 6 Personen

Pizza mit Shrimps

1 kleine Zwiebel, fein gehackt
150 ml trockener Weißwein
225 g gekochte und geschälte Shrimps
225 g Pilze, gehackt
25 g Butter oder Margarine
25 g Mehl
300 ml Hühnerbrühe
1 Knoblauchzehe, zerdrückt
2 TL Tomatenmark
4 Tomaten, enthäutet, entkernt und gehackt
Salz
gemahlener schwarzer Pfeffer
1 Portion Hefeteig

Zwiebel und Wein in einen Topf geben und zum Kochen bringen. Köcheln lassen, bis die Flüssigkeit um die Hälfte reduziert ist. Shrimps und Pilze hinzufügen und 5 Minuten weiterköcheln lassen.

In einem anderen Topf Butter oder Margarine erhitzen, das Mehl dazugeben und 2 Minuten unter Rühren anschwitzen. Die Brühe langsam einrühren und zum Kochen bringen. Knoblauch und Tomatenmark hineingeben und unter Rühren köcheln lassen, bis die Sauce dickflüssig ist. Die Shrimpsmischung und die Tomaten einrühren und alles mit Salz und Pfeffer würzen. Vom Herd nehmen.

Den Teig gehen lassen und etwa 1 cm dick ausrollen. Auf ein eingefettetes Backblech legen und den Teigrand etwas nach oben biegen. Die Sauce auf dem Teig verteilen und die Pizza an einem warmen Ort 10 bis 15 Minuten gehen lassen.

Im vorgeheizten Rohr (200°, Gas Stufe 6) 30 bis 35 Minuten backen.
Für 2 bis 4 Personen

Pizza „Nizza“

1 Portion Hefegrundteig
2–3 EL Öl
450 g mittelgroße Zwiebeln, geschält und in dünne Scheiben geschnitten
1 Knoblauchzehe, fein gehackt
400 g Dosentomaten samt Saft
Salz
gemahlener schwarzer Pfeffer
6–8 Anchovisfilets, in Streifen geschnitten
12 schwarze Oliven

Das Öl in einem Topf erhitzen und darin Zwiebel und Knoblauch glasig dünsten, aber nicht bräunen. Tomaten mit Saft, Salz und Pfeffer dazugeben und köcheln lassen, bis der Großteil der Flüssigkeit verdunstet ist. Abkühlen lassen.

Den Teig gehen lassen und dann 1 cm dick ausrollen. Auf ein eingefettetes Backblech geben und den Rand nach oben biegen. Leicht einölen und die Tomaten-Zwiebel-Mischung darauf verteilen. Die Anchovisfilets gitterförmig darauf legen und die Oliven dazwischensetzen. An einem warmen Ort 10 bis 15 Minuten gehen lassen.

Im vorgeheizten Rohr (200°, Gas Stufe 6) 30 bis 35 Minuten backen.
Für 2 bis 4 Personen

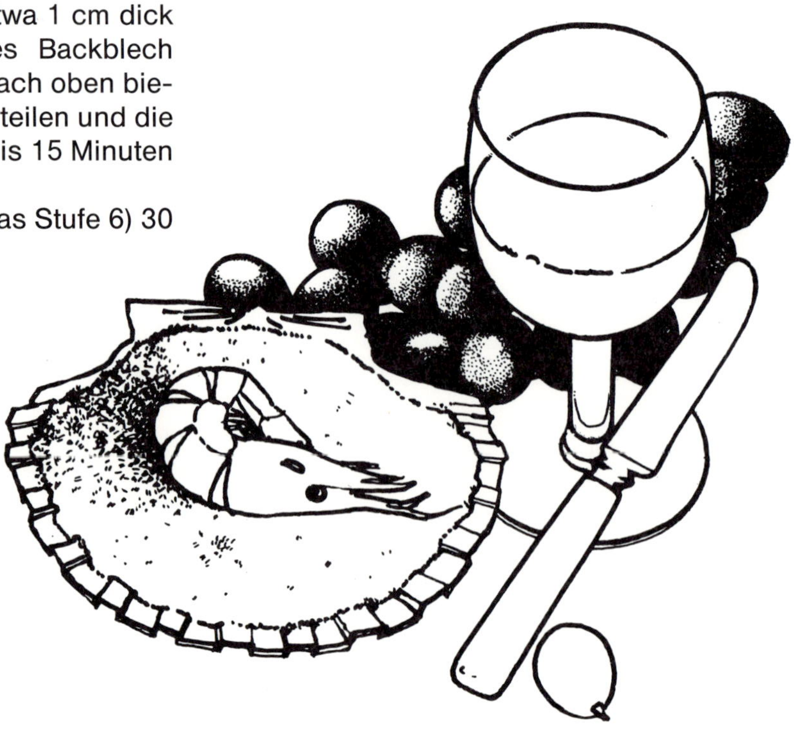

Lachs-Pizza

100 g Hefeteigmischung
1 Prise Salz
25 g Margarine
4 EL Milch
1 Dose Tomaten ca. 400 g, abgetropft und gehackt
50 g Champignons, in Scheiben geschnitten
½ grüne Paprikaschote, entkernt, in Streifen geschnitten
2 EL gehackte Frühlingszwiebeln
1 Dose rosa Lachs, ca. 200 g, abgetropft
50 g geriebener Hartkäse
Salz und Pfeffer

Das Mehl sieben und mit Salz und Margarine zu einer bröseligen Masse verrühren. Die Milch dazugeben und zu einem festen Teig verkneten. Auf einer bemehlten Fläche durchkneten, bis er glatt und geschmeidig ist. Den Teig in zwei Hälften teilen und auf je 15 cm Durchmesser ausrollen. Auf ein großes, eingefettetes Backblech legen.

Tomaten, Pilze und Paprika auf dem Teig verteilen. Die Frühlingszwiebeln darüberstreuen. Den Lachs von Haut und Gräten befreien und die Stücke auf den Pizzas verteilen. Den geriebenen Käse darüber geben, salzen und pfeffern.

Im vorgeheizten Rohr bei 200°, Gas Stufe 6, 15 bis 20 Minuten backen, bis der Teig goldbraun ist und der Käse Blasen wirft. Warm servieren und Salat dazu reichen.
Für 2 Personen

Thunfischpizza

Boden:
1 TL Paprikapulver, scharf
1 Paket Weißbrot-Backmischung
2 EL Tomatenmark
200 ml heißes Wasser
Belag:
1 große Zwiebel, in Scheiben
1 EL Olivenöl
1 Dose Thunfisch (ca. 200 g), abgetropft
175 g geriebener Hartkäse
Salz und gemahlener Pfeffer

Das Paprikapulver mit der Backmischung vermengen. Das Tomatenmark im heißen Wasser verquirlen und ebenfalls zu der Backmischung geben. Die Backanleitung auf der Packung befolgen.

Den Teig zu einem Durchmesser von 30 cm ausrollen und auf ein eingefettetes Backblech legen. Die Zwiebel im Olivenöl glasig dünsten und über den Teig verteilen. Mit dem zerpflückten Thunfisch und dem geriebenen Käse bedecken. Mit Salz und Pfeffer würzen und im vorgeheizten Rohr bei 220°, Gas Stufe 7, etwa 20 Minuten backen.
Für 4 Personen

Pizza mit Meeresfrüchten

1 Portion Hefe-Grundteig
1 Portion Tomatensauce
½ TL gemischte Trockenkräuter
1 kleine Dose Muschelfleisch, naturell
1 kleine Dose Tintenfisch, naturell
1 kleine Dose geschälte Krabben
geriebener Mozzarella (nach Wunsch)

Den Teig dünn ausrollen und damit eine runde Form auskleiden. Die Tomatensauce darauf verstreichen und mit den Trockenkräutern bestreuen. Die Meeresfrüchte darauf gleichmäßig verteilen und nach Wunsch mit Käse bestreuen.

Im vorgeheizten Rohr (200°, Gas Stufe 6) etwa 30 Minuten backen.
Für 2 bis 4 Personen

Pizza „Napoletana“

1 Portion Hefeteig
4 EL Olivenöl
350 g Tomaten, enthäutet und in Scheiben geschnitten
gemahlener schwarzer Pfeffer
1 EL frisches gehacktes Basilikum oder 1 TL getrocknetes Basilikum
1 TL getrockneter Oregano
175 g Mozzarella-Käse oder Bel Paese, in dünne Scheiben geschnitten
25 g Parmesankäse, gerieben
50 g Pilze, in Scheiben geschnitten
6 Anchovisfilets
8 schwarze Oliven

Den Teig gehen lassen und dann etwa 1 cm dick ausrollen. Auf ein eingefettetes Backblech legen und den Teigrand leicht nach oben biegen.

2 EL Öl über den Teig träufeln und dann mit den Tomatenscheiben belegen. Mit Salz, Pfeffer, Basilikum und Oregano bestreuen und mit den Käsescheiben bedecken. Den Parmesan darauf streuen. Pilze, Anchovisfilets und Oliven auf dem Käse verteilen. Das restliche Öl darüberträufeln und die Pizza 10 bis 15 Minuten an einem warmen Ort stehen lassen.

Im vorgeheizten Rohr (200°, Gas Stufe 6) 30 bis 35 Minuten backen.
Für 2 bis 4 Personen

Pizza alle Vongole

1 Portion Hefeteig
1 Portion Tomatensauce
25 g Butter oder Margarine
15 g Mehl
4 EL trockener Weißwein
120 ml Sahne
225 g Venusmuscheln aus der Dose, abgetropft und gehackt
Salz
gemahlener schwarzer Pfeffer

Den Teig gehen lassen und dann etwa 1 cm dick ausrollen. Auf ein eingefettetes Backblech geben und den Teigrand ein wenig nach oben biegen. Die Tomatensauce auf dem Teig verteilen und die Pizza an einem warmen Ort 10 bis 15 Minuten gehen lassen.

Im vorgeheizten Rohr (200°, Gas Stufe 6) 30 bis 35 Minuten backen.

Inzwischen Butter oder Margarine in einem Topf erhitzen, das Mehl einrühren und 1 Minute anschwitzen. Langsam erst den Wein und dann die Sahne einrühren und zum Kochen bringen. Zuletzt die Muscheln in den Topf geben, alles mit Salz und Pfeffer würzen und unter Rühren gut erhitzen.

Die Muschelsauce über die heiße Pizza geben und servieren.
Für 2 bis 4 Personen

Pizza Napoletana
(Foto: Bob Golden)

Kleine Pizzas

Pizza-Schnitten

250 g Biskuit-Backmischung
1 Knoblauchzehe, zerdrückt
175 g Bierwurst, in Würfel geschnitten
75 g Käse, gerieben
400 g Tomaten aus der Dose, abgetropft und gehackt
Garnierung:
Zitronenschnitze
Petersilienzweige

Den Teig nach der Anleitung auf der Packung zubereiten. Den Knoblauch dazugeben und alles gut durchrühren. Den Teig ausrollen (etwa 25 x 30 cm) und auf ein eingefettetes Backblech legen. Die Teigränder etwas nach oben biegen. Den Rand mit einer Gabel markieren.

Die Wurst und den Käse auf den Teig streuen und die Tomaten darüber geben.

Im vorgeheizten Rohr (200°, Gas Stufe 6) 20 bis 25 Minuten backen. In vier Teile schneiden und mit Petersilie und Zitronenschnitzen garnieren.
Ergibt 4 Portionen

Pizza-Canapés

2 Portionen Hefeteig
175 g Salami, in dünne Scheiben geschnitten
5 große Tomaten, in dünne Scheiben geschnitten
2 TL getrockneter Oregano
300 bis 350 g Hartkäse, in dünne Scheiben geschnitten
gefüllte grüne Oliven zum Garnieren

Den Teig gehen lassen und 1 cm dick ausrollen. Mit einer Form 24 Scheiben (⌀ 7,5 cm) ausstechen und auf ein eingefettetes Backblech legen. Auf jedes Stück eine Salami und eine Tomatenscheibe legen und mit Oregano bestreuen. Mit einer kleinen Scheibe Käse bedecken. Die Pizzas an einem warmen Ort 10 bis 15 Minuten gehen lassen.

Im vorgeheizten Rohr (200°, Gas Stufe 6) 20 bis 25 Minuten backen. Mit den Oliven garnieren. Heiß oder kalt servieren.
Ergibt 24 Portionen

Mini-Salami-Pizzas

300 g dunkle Brotbackmischung oder
1 Portion Hefeteig
1 EL Öl
400 g Tomaten aus der Dose, abgetropft und gehackt
175 g Hartkäse, gerieben
100 g Salami, in dünne Scheiben geschnitten
1 Scheibe Schmelzkäse, geviertelt
20 schwarze Oliven

Brotteig nach der Anleitung auf der Packung zubereiten. Den Teig in 4 Portionen teilen und jeweils zu einem Durchmesser von 15 cm ausrollen. Auf ein eingefettetes Backblech geben und die Teigränder ein wenig nach oben drükken.

Die Böden mit Öl bestreichen und erst mit Tomaten und dann mit geriebenem Käse bedecken. Die Salamischeiben außen auf die Pizzaböden legen und je ein Viertel Käse in die Mitte geben. Auf jede Pizza 5 schwarze Oliven legen. Brotteig etwa 30 Minuten, Hefeteig etwa 15 Minuten an einem warmen Ort gehen lassen.

Im vorgeheizten Rohr (200°, Gas Stufe 6) etwa 20 Minuten backen.
Ergibt 4 Portionen

Eier-Pizzas

1 Portion Biskuitteig
1 kleine Zwiebel, gerieben
3 EL Tomatenmark
½ TL Oregano oder Majoran, getrocknet
Salz
gemahlener schwarzer Pfeffer
6 hartgekochte Eier, halbiert
12 schwarze Oliven, ohne Stein, halbiert
350 g Käse, gerieben
3 Eier, geschlagen
1 TL Senf

Den Teig ausrollen und sechs Kreise (10 bis 12,5 cm ⌀) ausschneiden. Auf ein eingefettetes Backblech geben.

Zwiebel, Tomatenmark, Kräuter, etwas Salz und Pfeffer vermengen und über die Pizzaböden verteilen. Die Eierhälften mit der Schnittseite nach unten auf die Tomatensauce legen und mit den Oliven einrahmen.

Käse, geschlagene Eier und Senf verrühren und über die gekochten Eier streichen.

Im vorgeheizten Rohr (220°, Gas Stufe 7) 10 bis 15 Minuten backen, bis der Teig aufgegangen ist.
Ergibt 6 Portionen
Variante:
Man kann auch den Teig am Stück lassen und eine große Pizza daraus machen. Die Backzeit erhöht sich dann auf etwa 20 Minuten.

Party-Pizzas mit Pilzen

1 Portion Hefeteig
1 Portion Tomatensauce
100 g Mozzarella-Käse, in dünne Scheiben geschnitten
100 g Champignons
Butter oder Margarine, geschmolzen
Garnierung:
Anchovisfilets
gefüllte, grüne Oliven, in Scheiben geschnitten
Salamischeiben
grüne und rote Paprikastreifen
gekochte und geschälte Krabben
Kapern
gekochter Schinken, in Streifen geschnitten

Den Teig gehen lassen und in 8 Portionen teilen. Zu dünnen Scheiben ausrollen und auf ein eingefettetes Backblech geben. Die Tomatensauce auf dem Teig verteilen und auf jede Pizza eine Käsescheibe legen. An einem warmen Ort etwa 15 Minuten gehen lassen.

Die Pilze auf die Pizzas verteilen und mit geschmolzener Butter oder Margarine bestreichen. Die restlichen Zutaten nach Geschmack auf den Pizzas verteilen und diese im vorgeheizten Rohr (200°, Gas Stufe 6) 15 bis 20 Minuten backen.
Ergibt 8 Portionen

Antipasto-Pizzas

1 Portion Hefeteig
1 Portion Tomatensauce
½ Wurst mit Peperoni, in Scheiben geschnitten
6 grüne Oliven
7 schwarze Oliven
1 bis 2 EL Kapern
2 EL geriebener Parmesankäse
4 Scheiben Salami
4 Scheiben Mozzarella-Käse
8 Anchovisfilets
Garnierung:
Petersilienzweige
½ gefüllte Olive

Den Teig gehen lassen, in 4 Portionen teilen und jeweils 1 cm dick ausrollen. In eingefettete Backformen geben und jeweils den Teigrand etwas nach oben biegen.

Die Tomatensauce über die Teigböden verteilen. In die Mitte einer Pizza eine Scheibe Wurst geben und mit den grünen Oliven, sechs der schwarzen Oliven und den Kapern einfassen. Mit Parmesankäse bestreuen.

Auf die zweite Pizza die Salamischeiben, zu Tütchen geformt, anordnen.

Auf die Mitte der dritten Pizza den Schmelzkäse geben und mit einem Ring Wurstscheiben einfassen.

Auf die vierte Pizza die Mozzarellascheiben legen, die Anchovisfilets darauf verteilen und die letzte schwarze Olive in die Mitte setzen. Die Pizzas an einem warmen Ort etwa 10 bis 15 Minuten gehen lassen.

Im vorgeheizten Rohr (200°, Gas Stufe 6) etwa 25 Minuten backen. Die Salamipizza mit einem Petersilienzweig und die Peperonipizza mit einer Olivenhälfte garnieren.
Ergibt 4 Portionen

Party-Pizzas mit Pilzen
(Foto: Mushroom Growers' Association)

„Falsche“ Pizzas

Hühnchen-Pilz-Happen

6 Scheiben Weißbrot
75 g Butter oder Margarine
350 g gekochtes Hühnerfleisch, in dicke Scheiben geschnitten
1 kleine Zwiebel, in Scheiben geschnitten
225 g Pilze, in Scheiben geschnitten
1/4 TL gemischte Trockenkräuter
Salz
gemahlener schwarzer Pfeffer
2 EL Semmelbrösel
1 Ei, geschlagen
15 g blanchierte Mandeln, gehackt

Das Brot mit Hilfe einer Untertasse rund schneiden. Leicht antoasten auf einer Seite und mit 40 g der Butter bestreichen. Die Scheiben mit der gebutterten Seite nach oben in eine Backform legen und das Hühnerfleisch darauf verteilen.

Die restliche Butter oder Margarine in einer Pfanne erhitzen und Zwiebel und Pilze darin weichdünsten. Kräuter, Salz, Pfeffer und Semmelbrösel einrühren und alles mit dem Ei binden. Die Pilzmischung über das Hühnerfleisch geben und mit den Mandeln bestreuen.

Im vorgeheizten Rohr (200°, Gas Stufe 6) etwa 20 Minuten backen.
Ergibt 6 Portionen

Toasts mit Hühnerleber

75 g Butter oder Margarine
1 kleine Schalotte, fein gehackt
3 bis 4 frische Salbeiblätter
225 g Hühnerlebern, geputzt und fein gehackt
gemahlener schwarzer Pfeffer
8 kleine Brotscheiben, etwa 5 mm dick
etwas Zitronensaft
gehackte Petersilie zum Garnieren

40 g Butter oder Margarine in einem Topf erhitzen. Schalotte und Salbei darin langsam dünsten, bis die Schalotte weich ist. Die Salbeiblätter wegwerfen, die Hühnerlebern in den Topf geben und mit Pfeffer würzen. Die Lebern braten, bis sie nicht mehr rosa aussehen. Gelegentlich umrühren.

Inzwischen Butter oder Margarine in einer Pfanne erhitzen und die Brotscheiben von beiden Seiten goldbraun ausbacken. Abtropfen lassen.

Den Zitronensaft zu der Lebermischung gießen, umrühren und auf die Brotscheiben streichen. Mit Petersilie garnieren.
Für 4 Personen

Pikante Pilztorte

225 g Blätterteig, gefroren
450 g Makkaroni
3 EL Olivenöl
1 TL Salz
175 g Hühnerleber, gehackt
225 g Pilze, in Scheiben
2 Zwiebeln, in dünnen Scheiben
4 Eier, geschlagen
Salz und gemahlener Pfeffer
50 g Parmesankäse, gerieben
25 g Butter

Den Teig ausrollen und eine Pastetenform damit auslegen. Die Makkaroni in reichlich Wasser – 1 EL Öl und 1 TL Salz hinzufügen – „al dente" kochen. Abtropfen lassen und die Hühnerleber dazugeben.

Das restliche Öl in einer Pfanne erhitzen, die Pilze und die Zwiebeln anbraten und mit den Eiern zu den Makkaroni geben. Salzen und pfeffern und in die Pastetenform füllen. Mit dem Parmesan bestreuen und Butterflöckchen darauf verteilen. Im vorgeheizten Rohr bei 220°, Gas Stufe 7, 30 bis 40 Minuten backen. Mit frischer Tomatensauce und Parmesankäse servieren.
Für 4 bis 6 Personen

Sardinen-Toasts

100 g Olsardinen
2 EL Mayonnaise
2 EL frische gehackte Kräuter
1 Eidotter
4 Scheiben Brot
4 Scheiben Cheddar-Käse
gefüllte Oliven, in Scheiben geschnitten

Die Sardinen zusammen mit dem Öl aus der Dose und der Mayonnaise zerdrücken. Eidotter und Kräuter dazugeben. Das Brot leicht antoasten, mit der Sardinenpaste bestreichen und auf jeden Toast eine Scheibe Käse legen. Die Toasts in den Grill geben und warten, bis der Käse geschmolzen ist. Mit Olivenscheiben garnieren.
Ergibt 4 Stück

Anchovis-Toasts

50 g Anchovisfilets aus der Dose, fein gehackt
1 EL geriebene Zwiebel
2 EL gehackte Petersilie
1 EL Zitronensaft
4 Scheiben Brot

Anchovis mit dem Öl aus der Dose, Zwiebel, Petersilie und Zitronensaft vermengen. Rühren, bis eine streichfähige Paste entsteht.

Das Brot leicht antoasten und die Anchovispaste darauf streichen. Für 2 Minuten in den Grill stellen und vor dem Servieren in Streifen schneiden.
Für 4 Personen

Krabben-Tomaten-Toasts

100 g Krabbenfleisch, frisch oder aus der Dose, zerpflückt
Saft einer halben Zitrone
2 EL Tomatenmark
50 g Butter
Salz
gemahlener schwarzer Pfeffer
4 Scheiben Brot
4 Tomatenscheiben
Brunnenkresse zum Garnieren

Krabbenfleisch, Zitronensaft, Tomatenmark, 25 g Butter und etwas Salz und Pfeffer vermengen.

Das Brot zu runden Scheiben schneiden und leicht antoasten. Die Toasts mit der restlichen Butter bestreichen und das Krabbenfleisch darauf geben. Auf jeden Toast eine Tomatenscheibe legen. Im Grill 3 bis 4 Minuten überbacken, bis die Toasts ganz erhitzt sind. Mit Brunnenkresse garnieren.
Ergibt 4 Portionen

Toasts nach Fischer Art

200 g Dorschrogen aus der Dose, abgetropft
2 EL Mango Chutney
4 Scheiben getoastetes Weißbrot ohne Rinde
25 g Butter oder Margarine
225 g Champignons, in Scheiben geschnitten
4 Scheiben Schmelzkäse
Brunnenkresse zum Garnieren

Den Dorschrogen mit Mango Chutney zerdrükken und die Toasts damit bestreichen. In eine Grillpfanne legen und unter einen vorgeheizten Grill stellen.

Inzwischen Butter oder Margarine in einer Pfanne erhitzen und die Champignons darin weichdünsten. Die Pilze auf die Toastscheiben häufen und je eine Scheibe Käse darüber legen. Unter dem Grill lassen, bis der Käse geschmolzen ist. Mit Brunnenkresse garnieren und servieren.
Ergibt 4 Portionen

„Blubber-Pizza"

500 g Kartoffeln, gekocht und püriert
225 g Kohl, geputzt, gehackt und gekocht
Salz
gemahlener schwarzer Pfeffer
50 g Butter oder Margarine
1 EL Öl
1 kleine Zwiebel, gehackt
220 g gebackene Bohnen aus der Dose
170 g gekochter Schinken, in Würfel geschnitten
1 EL Chutney
1 TL Worcestershire Sauce
Petersilienzweig zum Garnieren

Kartoffeln und Kohl vermischen, mit Salz und Pfeffer würzen. Butter oder Margarine in einer großen Pfanne erhitzen und die Kartoffel-Kohl-Masse hineingeben. Glattstreichen und langsam backen, bis die Unterseite goldbraun ist. Wenden und die Oberseite backen. Das dauert insgesamt etwa 15 bis 20 Minuten.

Inzwischen das Öl in einem Topf erhitzen und die Zwiebel darin andünsten. Bohnen, Schinken, Chutney und Worcestershire dazugeben und gründlich erhitzen.

Den Pizzaboden auf einen vorgewärmten Teller schieben und die Sauce darauf verteilen. Mit Petersilie garnieren.
Für 2 bis 4 Personen

„Blubber-Pizza"
(Foto: Canned Food Advisory Service)

Schnelle portugiesische Pizzas

2 Brötchen, durchgeschnitten, oder 4 kleine gebackene Biskuitböden aus Vollkornmehl
Tomatenketchup
100 g Ölsardinen, abgetropft
Knoblauchsalz
4 Scheiben Schmelzkäse
Oregano, getrocknet
8 schwarze Oliven, ohne Stein

Die Brötchenhälften oder die Teigböden mit Ketchup bestreichen. Die Sardinen darauf legen und mit Knoblauchsalz bestreuen. Jeweils mit einer Scheibe Käse bedecken. Mit dem Öl der Sardinen bestreichen, mit Oregano würzen und mit den Oliven garnieren.

Die „Pizzas" auf ein eingefettetes Backblech legen und im vorgeheizten Rohr (200°, Gas Stufe 6) etwa 15 Minuten backen.

Man kann die „Pizzas" auch etwa 10 Minuten unter einen vorgeheizten Grill stellen.
Ergibt 4 Portionen

Schinken-Käse-Toasts

8 bis 12 Streifen Schinkenspeck, ohne Schwarte
4 Scheiben Brot
Senf
8 Scheiben Cheddar-Käse oder ein anderer Hartkäse

Den Schinkenspeck in eine Grillpfanne legen und unter einen vorgeheizten Grill geben. Auf Küchenkrepp abtropfen lassen und warmstellen.

Das Brot im Grill von beiden Seiten leicht antoasten. Mit Senf bestreichen und auf jeden Toast 2 Scheiben Käse legen. In den Grill stellen, bis der Käse geschmolzen ist und Blasen wirft. Den Schinkenspeck auf den Toasts verteilen und servieren.
Für 2 bis 4 Personen

Nudelpizza

100 g Nudeln (z. B. Maccaroni)
Salz
40 g Butter oder Margarine
1 Zwiebel, fein gehackt
4 Eier
6 EL Milch
gemahlener schwarzer Pfeffer
3 Tomaten, in Scheiben geschnitten
4 EL Tomatenketchup
75 g Käse, in dünne Scheiben geschnitten
Garnierung:
6 Anchovisfilets
9 schwarze Oliven

Die Nudeln in Salzwasser „al dente" kochen und gut abtropfen lassen.

Die Butter oder Margarine in einer großen Pfanne erhitzen und die Zwiebel darin andünsten. Die Eier mit Milch, etwas Salz und Pfeffer schlagen. Die Nudeln einrühren. Die Eier-Nudel-Masse in die Pfanne gießen und langsam ausbacken. Vorsichtig umrühren, damit das Ei auf den Pfannenboden rinnen kann. Wenn die Masse etwas fest geworden ist, die Tomatenscheiben darauf legen, Ketchup darüber streichen und alles mit Käse bestreuen.

Die Pfanne unter einen vorgeheizten Grill schieben und backen, bis die Pizza „aufgeht" und der Käse Blasen wirft. Mit Anchovisfilets und Oliven garnieren.
Für 4 bis 6 Personen

Pfannkuchen-Pizzas

50 g Mehl
1 Prise Salz
1 kleines Ei, geschlagen
etwa 150 ml Milch
Öl zum Braten
Belag:
225 g Tomaten aus der Dose
ein wenig gemischte Trockenkräuter
300 ml heiße, dicke Käsesauce
100 g Ölsardinen, abgetropft
6 EL geriebener Käse
14 schwarze Oliven zum Garnieren

Mehl und Salz in eine Schüssel sieben. Die Eier und die Hälfte der Milch dazugeben und alles zu einem glatten Teig verrühren. Langsam die restliche Milch dazugießen und schlagen, bis der Teig glatt und flüssig ist.

Eine Pfanne (25 cm ∅) leicht einölen und 4 dicke Pfannkuchen ausbacken. Warmstellen.

Die Tomaten mit den Kräutern in einen Topf geben und gut erhitzen. 2 Pfannkuchen auf je einen vorgewärmten Teller legen und die Hälfte der Tomaten darauf verteilen. Die anderen beiden Pfannkuchen darüberdecken und mit der Käsesauce bestreichen. Die restlichen Tomaten auf der Sauce verteilen und dann die Sardinen darauf legen. Mit Käse bestreuen.

Unter den vorgeheizten Grill stellen, bis der Käse geschmolzen ist und braun zu werden beginnt. Mit Oliven garnieren.
Für 2 Personen

Schnelle Melba-Toast-Pizzas

24 Melba-Toasts
175 ml Tomatenketchup
etwa 50 g Peperoniwurst, in dünne Scheiben geschnitten
100 g Mozzarella-Käse, klein geschnitten
Oregano, getrocknet

Die Toasts mit Ketchup bestreichen und mit den Wurstscheiben belegen. Käse und Oregano darauf streuen.

Die Toasts auf ein Backblech legen und im vorgeheizten Rohr (200°, Gas Stufe 6) etwa 5 Minuten backen, bis der Käse geschmolzen ist.
Ergibt 24 Stück

Heiße Bel Paese-Schnitten

5 Scheiben Weißbrot, ohne Rinde
50 g Butter oder Margarine
2 EL Olivenöl
100 g Bel Paese, in dünne Scheiben geschnitten
10 Anchovisfilets, halbiert, zum Garnieren

Jede Brotscheibe vierteln. Butter oder Margarine und Öl in einer Pfanne erhitzen und das Brot nach und nach darin ausbacken, bis es auf beiden Seiten goldbraun ist. Auf Küchenkrepp abtropfen lassen.

Die Käsescheiben vierteln und auf die Brotscheibchen verteilen. In eine Grillpfanne geben und unter einen vorgeheizten Grill schieben, bis der Käse geschmolzen ist. Jedes Brotstückchen mit einem halben Anchovisfilet garnieren.
Ergibt 20 Stücke

Pizza mit Mais und Saubohnen

Teig:
200 g Maiskörner
1 Ei, geschlagen
50 g Mehl
1 Prise Salz
2 EL Milch
Öl zum Braten
Belag:
40 g Butter oder Margarine
40 g Mehl
285 g Saubohnen aus der Dose
300 ml Milch
2 EL gehackte Petersilie
gemahlener schwarzer Pfeffer
Garnierung:
4 Streifen durchwachsener Schinkenspeck, ohne Schwarte, der Länge nach durchgeschnitten
Petersilienzweige

Teig: Maiskörner (nicht abtropfen lassen), Ei, Mehl, Salz und Milch verrühren. Zur Seite stellen.

Butter oder Margarine in einem Topf erhitzen, das Mehl einrühren und 2 Minuten anschwitzen. Die Bohnen abtropfen lassen und mit dem Bohnenwasser die Milch auf 450 ml aufgießen. Die Flüssigkeit langsam unter Rühren in den Topf gießen und aufkochen lassen. Köcheln lassen, bis die Sauce eindickt. Bohnen, Petersilie und etwas Pfeffer einrühren, vom Herd nehmen und warmstellen.

Den Schinkenspeck grillen. Inzwischen das Öl in einer großen Pfanne erhitzen und den Teig hineingießen. Von beiden Seiten hellbraun backen.

Den Pfannkuchen auf einen vorgewärmten Teller schieben und die Bohnensauce darübergeben. Mit dem Schinkenspeck und Petersilienzweigen garnieren.

Für 4 bis 6 Personen

Schnelle Pizza

225 g Weißbrot-Backmischung
1/2 TL Salz
gemahlener schwarzer Pfeffer
1/2 TL gemischte Trockenkräuter
4 EL Olivenöl
4 EL Wasser
Belag:
4 EL Tomatenmark
250 g Tomaten, gehäutet und in Scheiben geschnitten
2 TL Petersilie oder Basilikum, gehackt
200 g Salami, in dünne Scheiben geschnitten
12 gefüllte Oliven, in Scheiben geschnitten
100 g Gruyère, in dünne Scheiben geschnitten

Mehl, Salz, Pfeffer und Trockenkräuter vermischen. Wasser und 2 EL Öl dazugeben und einen weichen Teig kneten. Zu einem Durchmesser von etwa 25 cm ausrollen.

1 EL Öl in einer Pfanne erhitzen und darin den Pizzaboden etwa 5 Minuten bei kräftiger Hitze aufbacken. Herausnehmen, das restliche Öl erhitzen und den Boden von der anderen Seite ebenfalls 5 Minuten backen. Wenn er goldbraun ist, herausnehmen und mit dem Tomatenmark bestreichen, mit Tomatenscheiben belegen und mit den Kräutern bestreuen.

Die Salamischeiben, Olivenscheiben und Käsescheiben darauf arrangieren.

Unter einem vorgeheizten Grill 5 Minuten backen, bis der Käse Blasen wirft.

Für 2 Personen

Pizza-Gougère mit Schinken oder Huhn (Seite 53)
(Foto: Marmite)

Mortadella-Omelette

2 EL Olivenöl
350 g Kartoffeln, grob gerieben
1 Zwiebel, feingehackt
50 g gefüllte grüne Oliven, in Scheiben
2 Tomaten, enthäutet und kleingehackt
1 grüne Paprikaschote, entkernt, in Streifen
100 g Mortadella, in Scheiben
3 Eier
Salz und gemahlener Pfeffer

Das Öl in einer großen Pfanne erhitzen, Kartoffeln und Zwiebeln hineingeben und 10 bis 15 Minuten lang goldbraun braten. Die restlichen Zutaten bis auf die Eier hinzufügen und weitere 4 Minuten braten.

Eier, Salz und Pfeffer zusammenrühren und in die Pfanne geben. Das Omelette backen, bis es fest und an der Unterseite hellbraun ist. Dann auf einen Teller stürzen, in die Pfanne zurückschieben und die andere Seite backen. Mit französischem Weißbrot und Salat servieren.
Für 4 Personen

Salami-Gemüse-Omelette

40 g Butter
1 kleine Zwiebel
1 rote Paprikaschote, entkernt, in Streifen
175 g Salami, gehackt
1 Dose Kidney Bohnen (ca. 200 g), abgetropft
Salz und gemahlener Pfeffer
4 Eier
1 TL gemischte Kräuter, getrocknet

Butter in einer Pfanne schmelzen, die Zwiebel und die Paprikastreifen darin weichbraten. Die Salami und die Bohnen dazugeben, mit Salz und Pfeffer würzen und durchbacken.

Die Eier mit den Kräutern verquirlen und über das Gemüse gießen. Mit einer Gabel umrühren, damit die Eimasse zum Pfannenboden durchsickern kann. Wenn das Ei überall fest ist, das Omelette zusammenklappen, in zwei Teile schneiden und servieren.
Für 2 Personen

Rindfleisch-Reis-Pizza

225 g Langkornreis
2 Eier, geschlagen
225 g Mozzarella-Käse, kleingeschnitten
500 g Rinderhackfleisch
1 Zwiebel, gehackt
1 Knoblauchzehe, gehackt
1 Portion Tomatensauce
2 Tomaten, in Scheiben geschnitten
2 EL geriebener Parmesan Käse

Den Reis weichkochen. Falls nötig, abtropfen und etwas abkühlen lassen. Die Eier und die Hälfte des Mozzarella-Käses mit dem Reis vermengen. Die Reismasse gleichmäßig in eine eingefettete Backform (30 cm ∅) füllen und festdrücken. Im vorgeheizten Rohr (230°, Gas Stufe 8) etwa 20 Minuten backen.

Inzwischen das Fleisch, Zwiebel und Knoblauch in eine Pfanne geben und braten, bis das Hackfleisch braun und bröselig ist. Das Fett abgießen und die Tomatensauce einrühren.

Die Fleischmischung auf den gebackenen Reis geben. Die Tomatenscheiben darauf verteilen und mit dem restlichen Mozzarella bestreuen. Den Parmesankäse darüber verteilen und die Pizza wieder in den Ofen schieben. Weitere 10 bis 12 Minuten backen, bis der Käse geschmolzen ist und sich goldbraun gefärbt hat.
Für 4 bis 6 Personen

Pizza-Gougère mit Schinken oder Huhn

15 g Butter oder Margarine
1 große Zwiebel, gehackt
50 g Pilze, in Scheiben geschnitten
1 EL Mehl
1 EL Hefeextrakt
300 ml heißes Wasser
1 TL getrocknete Kräutermischung
100 g gekochter Schinken oder Hühnerfleisch, gehackt
Teig:
150 ml Wasser
1 TL Hefeextrakt
50 g Butter oder Margarine
65 g Mehl, gesiebt
2 Eier, geschlagen

Die Butter oder Margarine in einem Topf erhitzen und die Zwiebel darin weichdünsten. Die Pilze dazugeben und weichdünsten, dann das Mehl einrühren. Die Hefe in Wasser auflösen und zusammen mit den Kräutern in den Topf geben. Zum Kochen bringen und unter Rühren 5 Minuten köcheln lassen. Den Schinken oder das Hühnerfleisch dazugeben, umrühren, vom Feuer nehmen und beiseite stellen.

Teig: Wasser, Hefe und Butter oder Margarine in einem Topf zum Kochen bringen. Umrühren, damit sich das Fett auflöst. Vom Herd nehmen und das Mehl auf einmal hinein geben. Mit dem Schneebesen schlagen, bis die Masse glatt ist und sich vom Topf zu lösen beginnt. Etwas abkühlen lassen und die Eier dazugeben. Rühren, bis der Teig glatt und glänzend aussieht.

Mit dem Löffel den Teig um den Rand einer flachen eingefetteten Backform verteilen. Die Sauce in die Mitte geben. Im vorgeheizten Rohr (200°, Gas Stufe 6) etwa 35 Minuten backen, bis der Teig aufgegangen und gebräunt ist.
Für 3 Personen

Quiche mit Zucchini und Knoblauch

1 Teigboden, gebacken, siehe Rezept S. 56
Füllung:
25 g Butter
250 g Zucchini, in Scheiben geschnitten
2 Knoblauchzehen, zerdrückt
50 g Knoblauchwurst, gehackt
2 Eier
150 ml Rahm
Salz und Pfeffer
50 g Guyère, gerieben
Garnierung:
Knoblauchwurst, in Scheiben, trichterförmig gerollt

Butter in einer Pfanne schmelzen und Zucchini und Knoblauch darin weichdünsten. Herausnehmen und in die Teigform füllen. Mit der Knoblauchwurst bestreuen.

Die Eier schlagen und den Rahm dazugeben, mit Salz und Pfeffer würzen. Über das Gemüse gießen und mit Käse bestreuen. Im vorgeheizten Rohr bei 190°, Gas Stufe 5, etwa 30 bis 40 Minuten backen, bis die Quiche goldbraun ist. Heiß oder kalt servieren. Mit den gerollten Wurstscheiben garnieren.
Für 4 bis 6 Personen

Käse-Auberginen-Torte

750 g Auberginen, in dünne Scheiben geschnitten
2½ TL Salz
2 EL Olivenöl
375 g Hüttenkäse
3 Eier
2 EL frischer Dill, gehackt, oder 1 TL getrockneter Dill
2 EL frisches Basilikum, gehackt, oder 1 EL getrocknetes Basilikum
½ TL gemahlener schwarzer Pfeffer
1½ Portionen Mürbteig (aus 350 g Mehl, 125 g Fett und 3 Eiern)
1 Eiweiß, leicht geschlagen
2 EL geriebener Parmesan

Mit dem Mürbteig eine Springform auskleiden und vorbacken. Abkühlen lassen.

Die Auberginenscheiben auf einen Rost legen, mit dem Salz bestreuen und 30 Minuten stehen lassen. Kalt abspülen, abtropfen lassen und mit Küchenkrepp trockentupfen. In ein wenig Öl von beiden Seiten anbraten, bis sie weich sind.

Hüttenkäse, Eier, Dill und Basilikum vermischen, salzen und pfeffern.

Den Mürbteigboden mit dem Eiweiß bestreichen. Die Hälfte der Auberginenscheiben auf dem Boden auslegen. Die Füllung darübergeben und mit den restlichen Auberginenscheiben belegen. Großzügig mit Parmesan bestreuen und im vorgeheizten Rohr (180°, Gas Stufe 4) etwa 1 Stunde backen.
Für 6 bis 8 Personen

Pizzaring mit Tomaten und Pilzen (Seite 12)
(Foto: The Home Baking Bureau)

Quiche Lorraine

100 g Mehl
1 Prise Salz
25 g Schmalz
25 g Butter
1 EL kaltes Wasser
Füllung:
100 g magerer Schinken
3 Eier
300 ml Rahm
Salz und Pfeffer

Mehl und Salz in eine Schüssel sieben, Schmalz und Butter einrühren, bis eine bröselige Masse entsteht. Das Wasser dazugeben und mit einem Messer einrühren, dann den Teig mit den Händen kneten und eine glatte Teigkugel formen.

Den Teig auf einer bemehlten Fläche ausrollen und eine runde Backform (ca. 20 cm ⌀) damit auslegen. Zwischen Form und Teig sollen keine Luftblasen sein. Den Teig mit einer Gabel mehrmals leicht einstechen, die Form auf ein Backblech stellen und 15 Minuten im vorgeheizten Rohr (180°, Gas Stufe 4) backen.

Füllung: Den Schinken hacken und im eigenen Fett 5 Minuten braten. Auf Küchenkrepp abtropfen lassen und auf den gebackenen Teig legen.

Die Eier schlagen und den Rahm langsam dazurühren. Mit Salz und Pfeffer würzen. Über den Schinken geben und die Quiche für weitere 30 bis 40 Minuten in den Ofen schieben, bis sie goldbraun gebacken ist. Heiß oder kalt servieren.

Für 4 Personen

Quiche mit Anchovis und Tomaten

1 Teigboden gebacken, siehe Rezept S. 56
Füllung:
400 g Tomaten aus der Dose
1 Zwiebel, feingehackt
1 Knoblauchzehe, zerdrückt
1 TL getrockneter Salbei
2 Eier
150 ml Rinderbrühe
Salz und Pfeffer
Belag:
50 g Anchovisfilets aus der Dose, abgetropft
schwarze Oliven, halbiert und entsteint

Die Tomaten abtropfen lassen und den Saft aufheben. Tomaten grob hacken und in die Teigform füllen. Mit Zwiebel, Knoblauch und Salbei bestreuen.

Die Eier schlagen, mit Tomatensaft, Brühe, Salz und Pfeffer verrühren. Über die Tomaten geben und im vorgeheizten Rohr bei 180°, Gas Stufe 4, etwa 40 bis 45 Minuten backen, bis die Masse fest ist. Abkühlen lassen.

Die Anchovis der Länge nach durchschneiden und auf die Quiche legen. Die Oliven zwischen den Anchovis verteilen.

Für 4 Personen

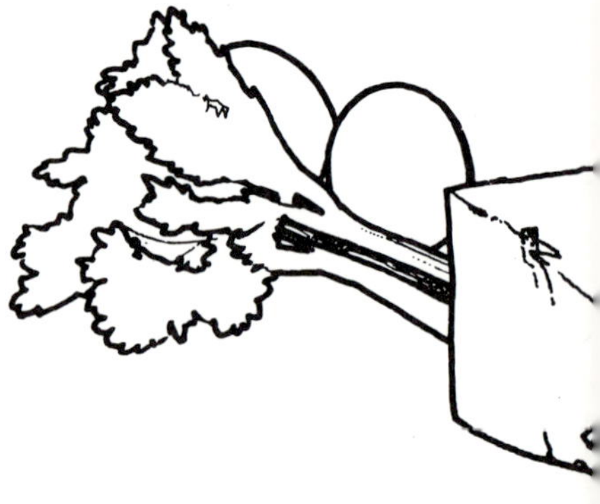

Quiche mit Paprika und Zwiebeln

1 Teigboden, siehe Rezept Seite 56
Belag:
15 g Butter
1 kleine Zwiebel, feingehackt
1/2 grüne Paprikaschote, entkernt, in Ringe geschnitten
1/2 rote Paprikaschote, entkernt, in Ringe geschnitten
3 Eier
300 ml Rahm
Salz und Pfeffer

Die Butter in einer Pfanne schmelzen und Zwiebel und Paprikaschoten darin weichdünsten. In die Teigform füllen.

Die Eier schlagen und den Rahm dazugeben, mit Salz und Pfeffer würzen. Über das Gemüse geben und die Quiche im vorgeheizten Rohr bei 180°, Gas Stufe 4, etwa 40 Minuten backen, bis der Belag goldbraun ist. Heiß oder kalt servieren.
Für 4 Personen

Garnelen-Chili-Quiche

Teig:
100 g Weizenmehl
1 Prise Salz
25 g Schmalz
25 g Butter
1 EL kaltes Wasser
Belag:
2 Eier
170 ml Kondensmilch
2 EL Weizenmehl
3/4 TL Knoblauchsalz
50 g Cheddar-Käse, gerieben
50 g Emmentaler, gerieben
50 g Zwiebeln, gehackt
100 g grüne Chilis, frisch oder eingelegt, entkernt und gehackt
100 g Garnelen (Hummerkrabben) aus der Dose, abgetropft
Garnierung:
Petersilien- oder Dillzweige

Mehl und Salz in eine Schüssel sieben. Schmalz und Butter hineinkneten, bis die Masse bröselig aussieht. Wasser dazugießen, mit einem Messer verrühren und den Teig gut durchkneten. Zu einer Kugel formen, diese auf eine bemehlte Arbeitsfläche geben und ausrollen. Eine runde Kuchenform (20 cm ⌀) damit auskleiden. Den Boden mehrmals mit einer Gabel einstechen. Im vorgeheizten Rohr (230°, Gas Stufe 8) 6 Minuten backen. Herausnehmen und die Backrohrtemperatur auf 180°, Gas Stufe 6, reduzieren.

Eier, Kondensmilch, Mehl und Knoblauchsalz verrühren. Käse, Zwiebeln und Chilis untermischen und in die gebackene Form gießen. Die Garnelen bis auf 6 über die Mischung verteilen. Die Quiche im Rohr 35 bis 40 Minuten backen oder bis ein Messer, das hineingestochen wird, sauber bleibt.

15 Minuten abkühlen lassen, dann mit den restlichen Garnelen und den Petersilien- oder Dillzweigen garnieren und servieren.
Für 6 Personen

Mexikanische Tortilla-Pizza

225 g Weizenmehl
1 TL Salz
3/4 TL Backpulver
50 g Schmalz
etwa 150 ml Wasser
450 g Mozzarella, gerieben
450 g Chorizo-Wurst, gehackt
50 g Zwiebeln, fein gehackt
2 Tomaten, in Scheiben geschnitten
einige scharfe Chilischoten, eingelegt oder frisch, entkernt und in dünne Streifen geschnitten

Mehl, Salz und Backpulver in eine Schüssel geben. Mit den Händen das Schmalz unterkneten, bis der Teig krümelig ist. Wasser einrühren und alles zu einem weichen Teig verarbeiten. Zugedeckt 15 Minuten ruhen lassen. Ein Stück Teig zu einer Kugel von 4 cm ∅ rollen und diese auf einer bemehlten Arbeitsfläche zu einem Fladen von 20 cm ∅ ausrollen. Von beiden Seiten in einer schweren Pfanne ohne Fett etwa 1 1/2 Minuten backen. Wenn sich Blasen werfen, diese flachdrücken. Die Tortillas sollten durchgebacken, aber noch weich sein. Unter einem warmen Tuch oder in Alufolie warmhalten, bis die anderen Tortillas auf die gleiche Art gebacken sind.

Der Teig ergibt etwa 10 Tortillas. Nicht gleich verwendete Tortillas läßt man kalt werden. Später kann man sie mit ein wenig Wasser befeuchten und in der Pfanne wieder aufbacken.

Je zwei Tortillas auf ein Backblech legen und mit Käse bestreuen. Wurst, Zwiebel und Tomaten darauf verteilen. Die Chilistreifen gitterförmig darauf anordnen. Im vorgeheizten Rohr (200°, Gas Stufe 6) etwa 6 Minuten backen, bis der Käse geschmolzen ist. In Portionsstücke zerteilen.
Für 2 und mehr Personen

Schweizer Törtchen

Mürbteig aus 225 g Mehl, 100 g Fett und 2 Eiern
150 g Emmentaler, gerieben
75 g Gruyère, gerieben
2 Eier, leicht verschlagen
100 ml Milch
100 ml Crème fraîche
eine Prise Muskatpulver
1/2 TL weißer Pfeffer, gemahlen
1/2 TL Salz

Den Teig ausrollen und damit (etwa 20) kleine eingefettete Pastetenformen auskleiden. Kühlstellen.

Die Käse vermischen und zur Hälfte damit den Teig in den Förmchen bestreuen. Den restlichen Käse mit Eiern, Milch, Crème fraîche, Muskat, Pfeffer und Salz gut verrühren. Diese Mischung in die Förmchen geben.

Im vorgeheizten Rohr (190°, Gas Stufe 5) etwa 20 Minuten backen, bis die Törtchen aufgegangen sind. Heiß servieren.
Für 6 und mehr Personen

Pfannenpizza mit Schinken (Seite 21)
(Foto: The Danish Centre)

Dänisches Omelette

225 g magerer Bauchspeck, in dünne Scheiben geschnitten
4 große Tomaten, in Scheiben geschnitten
½ TL getrocknete Kräuter
1 EL Öl
1 EL Mehl
6 EL Milch
6 Eier
Salz
gemahlener schwarzer Pfeffer
15 g Butter
Petersilie zum Garnieren

Die Speckstreifen unter dem Grill oder in der Pfanne 2 Minuten knusprig braten. Die Tomaten halbieren, mit der Hälfte der Kräuter bestreuen und die Hälfte des Öls darübergeben. 3 Minuten unter dem Grill anschmoren. Warmstellen.

In der Zwischenzeit Mehl und Milch in einer Schüssel anrühren und die Eier untermischen. Salz, Pfeffer und die restlichen Kräuter dazugeben.

Die Butter in einer Pfanne erhitzen. Wenn sie aufschäumt, die Eimischung hineingießen und auf ziemlich großer Flamme anbacken. Ab und zu an den Seiten lockern.

Wenn das Omelett fest ist, die Speckstreifen strahlenförmig darauf anordnen und die Tomaten dazwischen setzen. Mit Petersilie garnieren und in der Pfanne auf den Tisch bringen.
Für 2 bis 4 Personen

Gebackenes Käsesandwich

4 dünne Weißbrotscheiben
Butter
50 g Goudakäse, in Scheiben geschnitten
4 EL Milch
2 EL Milch
Salz und Pfeffer
1 Ei
2 TL Öl
Fritieröl

Die Brote mit Butter bestreichen, 2 Scheiben mit Käse belegen, die anderen beiden darauflegen. Die Rinde abschneiden.

Jedes Brot in Milch tauchen, dann in das Mehl, das mit Salz und Pfeffer gewürzt ist. Ei und Öl verrühren und die Brote darin wenden, bis sie auch an den Kanten gut mit der Eimischung bedeckt sind.

Eine Fritierpfanne halb mit Öl füllen und auf 180°, Gas Stufe 6, erhitzen. Die Brote nacheinander fritieren, damit sie gleichmäßig bräunen. Heiß mit Tomatensauce oder eingelegten Gemüsen servieren.
Für 2 Personen

Türkische Spinatpizza

225 g tiefgekühlter Blätterteig, aufgetaut
2 EL Olivenöl
1 Zwiebel, fein gehackt
2 Knoblauchzehen, zerdrückt
gut 1 kg Spinat, gewaschen und geputzt
Salz und Pfeffer
½ TL gemahlener Koriander
150–200 g Schafskäse
100 g geriebener Parmesan
Öl zum Bestreichen

Den Teig ausrollen und in 4 gleiche Teile schneiden.

Für die Füllung Zwiebel und Knoblauch in dem Öl anschmoren, den Spinat dazugeben und unter Rühren 10 Minuten dünsten. Vom Feuer nehmen, Salz, Pfeffer und Koriander untermischen. Den Parmesan und den gut zerdrückten Schafskäse untermengen.

Eine passende Backform leicht einölen und mit einer Schicht Teig auslegen. Gut einölen und eine zweite Teigschicht darübergeben. Die Füllung gleichmäßig auf dem Teig verstreichen und mit der dritten Teigscheibe bedecken. An den Rändern gut festdrücken und ebenfalls gut einölen. Die letzte Teigschicht auflegen, einölen und mit einem scharfen Messer einige Male einstechen. Bei 180°, Gas Stufe 4, 45 Minuten backen. Heiß oder kalt mit Joghurt servieren.
Für 4 Personen

Hackfleisch-Pizza

1 kg Scheinemett, fertig gewürzt
1 Zwiebel, fein gehackt oder gerieben
Pfeffer und Salz
1 TL Paprika-Gewürzmischung
½ TL getrocknete Kräuter
1 Zwiebel, in dünne Scheiben geschnitten
2–3 Tomaten, in Scheiben geschnitten
Tomatenketchup

Das Schweinemett auf einem Backblech verteilen und leicht andrücken. Falls nötig, mit Salz und Pfeffer abschmecken. Mit der Paprika- und Kräutermischung bestreuen. Die Tomatenscheiben darauf legen und mit Zwiebelringen locker bedecken. Tomatenketchup in Spritzern darübergeben.

Im vorgeheizten Rohr (200°, Gas Stufe 6) 30 bis 45 Minuten braten oder bis das Hackfleisch „durch" ist. Grau- oder Weißbrot und grünen Salat dazu reichen.
Für 6 und mehr Personen

Vollkorn-Mortadella-Brötchen

100 g Hefeteig-Backmischung
100 g Vollkornmehl
1½ TL Backpulver
50 g Margarine
50 g Mortadella, gewürfelt
150 ml Milch

Die Mehlsorten und das Backpulver zusammenmischen. Die Margarine einrühren und die Mortadella dazugeben. Die Milch dazugießen und alles zu einem ziemlich weichen Teig verrühren. Auf einer bemehlten Fläche 1 cm dick ausrollen.

Mit einer Form 12 Brötchen von 5 cm Durchmesser ausstechen. Auf einem eingefetteten Blech auslegen und mit Milch einpinseln. Im vorgeheizten Rohr bei 220°, Gas Stufe 7, 10 bis 12 Minuten backen. Warm servieren.
Ergibt 12 Portionen

Huevos Rancheros

Öl zum Ausbacken
4 Mais- oder Weizenmehl-Tortillas (siehe Seite 58)
1 Zwiebel, gehackt
1 Knoblauchzehe, zerdrückt
425 g Tomaten aus der Dose, abgetropft und gehackt
4 kleine grüne Chilischoten, geputzt und gehackt
¾ TL Salz
4 Eier
⅛ TL Pfeffer
100 g Hartkäse, gerieben oder in Stifte geschnitten
50 g geschmolzene Butter

Eine Pfanne 2,5 cm hoch mit Öl füllen, erhitzen und darin die Tortillas knusprig ausbacken. Eine flache Servierschüssel mit den Tortillas auslegen.

2 EL Öl in einer Pfanne erhitzen und darin Zwiebel und Knoblauch weichdünsten. Tomaten, Chilis und ½ TL Salz unterrühren. Diese Mischung über die Tortillas geben. Die Eier vorsichtig darüberschlagen. Restliches Salz, Pfeffer und Käse darüberstreuen. Flüssige Butter darübergießen und zudecken. Im vorgeheizten Rohr (180°, Gas Stufe 4) 15 Minuten backen oder bis die Eier gestockt sind und der Käse geschmolzen ist. Heiß servieren.
Für 4 Personen

Pizzabaguette

½ Baguette
1 EL Tomatenmark
1 Dose Tomaten, ca. 250 g, abgetropft
50 g gekochter Schinken, gewürfelt
50 g Champignons, in Scheiben geschnitten
1 TL Öl
50 g Mozzarellakäse, in Scheiben geschnitten
Salz und Pfeffer

Das Baguette der Länge nach aufschneiden. Jede Hälfte mit Tomatenmark bestreichen. Die Tomaten in Scheiben schneiden und mit Schinken und Pilzen auf den Brothälften verteilen. Mit Öl bestreichen und den Käse darüberstreuen.

Salzen und pfeffern. Im vorgeheizten Grill 5 Minuten überbacken, bis der Käse Blasen wirft. Sofort servieren, Salat dazu reichen.
Für 2 Personen

Variante:
Wenn kein Baguette zur Hand ist, kann die „Pizza“ auch mit Toast oder Brötchen zubereitet werden.

Register